알기 쉬운
혼합연구방법

John W. Creswell 저 | 김동렬 역

A Concise Introduction to Mixed Methods Research

학지사

A Concise Introduction to Mixed Methods Research
by John W. Creswell

역자 서문

연구의 유형은 크게 양적연구와 질적연구로 나뉜다. 양적연구는 통계분석을 통해 일반화된 결론을 이끄는 데 도움이 된다. 그러나 양적연구만으로는 결과가 그렇게 나온 이유에 대해 명확한 근거를 찾을 수가 없다. 이럴 경우 질적연구를 추가하면 그 원인을 심층적으로 분석할 수 있다. 반면, 질적연구가 이러한 장점을 가지고 있다고는 하나, 질적연구만으로 연구를 진행한다면 연구 결과의 일반화에 문제가 발생한다는 점은 연구자라면 잘 알고 있는 사실이다. 따라서 이러한 양적연구와 질적연구의 장단점을 보완한 혼합연구방법은 연구 유형에서 고급연구로 가기 위한 대표적인 연구방법이며, 연구자라면 꼭 한 번은 시도해 볼 만하다.

질적으로 우수한 논문을 작성하고자 한다면 다양한 연구 유형을 적용해 보는 것도 중요하지만, 연구의 큰 양대 축인 양적연구와 질적연구를 어떻게 혼합할 것인지를 먼저 고민해 볼 것을 추천한다. 혼합연구는 양적연구와 질적연구의 장단점을 최대한 활용 및 보완하기 때문이다.

반드시 정해진 절차와 규정에 맞게 연구를 진행해야 하는 것은 아니지만, 연구를 진행하기 전에 기본적으로 숙지해야 할 내용들이 있다. 특히 연구 초심자들과 새로운 연구방법을 시도하고자 하는 연구자들에게는 더욱 그러하다. 이와 관련하여 이 책은 혼합연구를 처음 시도하고자 하는 연구자들에게 혼합연구를 쉽게 이해하고 직접 수행해 볼 수 있는 기회를 제공한다.

혼합연구를 수행하기 위해 각종 혼합연구의 책을 살펴보겠지만, 가장 기초적인 내용 설명 없이 심층적으로 접근한 책을 우선적으로 읽게 된다면 혼합연구가 오히려 복잡하고 어려운 연구로 느껴질 수 있다. 이러한 점에서 이 책은 효과적인 혼합연구를 위해 쉽게 접근할 수 있는 방법을 간결하면서도 명쾌하게 설명하고 있다. 따라서 이 책을 읽으면 망설임 없이 혼합연구를 진행할 수 있을 것이다. 즉, 이 책은 저자의 다수의 연구방법의 저술과 논문작성의 경험에 바탕을 두고 초보적인 접근으로 시작하여 혼합연구의 설계 및 구성요소들을 어떻게 심층적으로 구성하고 기술할 것인지에 대해 설명하고 있다.

아무쪼록 이 책이 혼합연구를 시작하는 연구자들과 혼합연구방법의 기초적인 정보를 얻고자 하는 연구자들에게 지침서 역할을 하기를 기대한다.

끝으로, 이 역서가 무사히 출판되어 많은 연구자에게 도움이 되도록 물심양면으로 도와주신 학지사 관계자분들에게 깊은 감사를 드린다.

대구교육대학교 연구실에서

2017년 1월

역자 씀

저자 서문

필자는 독자 여러분이 이 책을 읽으면서 혼합연구방법을 알아보거나 이를 수행하는 데 관심이 있을 것이라고 생각한다. 또한 여러분은 양적 데이터(가령, 설문조사)와 질적 데이터(가령, 인터뷰) 양자의 수집 · 분석을 통해 최상의 답을 내릴 수 있는 연구 문제나 질문을 가지고 있을 것이다. 이 둘을 하나로 통합하면(즉, 혼합하면) 단순히 설문조사 결과와 인터뷰 결과를 따로따로 보고하는 것보다 연구에 더 가치를 더할 수 있고 여러분의 문제와 질문을 더 잘 이해할 수 있다는 것을 알고 있었는가? 그렇다면 이것을 하나로 통합할 경우, 하나는 숫자로 되어 있고(설문조사 데이터) 다른 하나는 단어로 되어 있을 때(인터뷰 데이터) 어떻게 이 두 데이터베이스를 하나로 결합할 것인가? 그리고 어떻게 여러분의 연구를 좋은 연구 프로젝트로 제시할 수 있을까? 이 책은 여러분에게 많은 도움이 될 것이다. 이 두 데이터를 어떻게 하나로 통합할 수 있는지, 더 나아가 출판이나 기금 마련을 염두에 두고 있을 때 엄격하고 체계적인 방식으로 방법들을 어떻게 '혼합'할 수 있는지 알게 될 것이기 때문이다.

❖ 이 책의 목적

이 책을 펴내야겠다는 생각은 지난 10~15년 동안 이루어진 혼합연구방법에 관한 워크숍에서 비롯되었다. 그동안 이 워크숍은 주로 혼합연구방법을 처음 시작하는 초심자들, 즉 혼합연구를 사용하여 논문이나 학위논문을 개발하고자 하는 대학원생이나 이 방법론이 포함된 연구기금 제안서를 개발하려는 학부나 연구자를 대상으로 하였다. 필자가 사용한 접근법은 워크숍 참가자들이 워크숍 기간에 가다듬고자 하는 혼합연구 프로젝트를 소개하는 방법이었다. 이 접근법은 별 문제가 없어 보였으나, 참가자들이 구축하고자 하는 혼합연구에 대한 배경지식을 가지고 있다면 더 좋은 결과가 있을 것이라는 생각을 떨쳐 버릴 수 없었다. 주로 또는 전적으로 혼합연구를 다룬 책이 거의 31권에 달하지만, 불행하게도 이 주제를 너무 장황하게 다룬 책이 너무 많다. 필자가 비키 플레노 클라크Vicki Plano Clark와 함께 쓴 책(Creswell & Plano Clark, 2011)만 해도 347쪽에 달할 정도다. 워크숍 참가자 중에는 이렇게 많은 분량의 책을 읽을 시간도

없거니와 심지어 연구방법 관련 서적에서 혼합방법에 관한 짧은 장(章)을 찾거나 읽을 시간조차 없는 사람들이 많다. 또한 그들은 혼합연구를 수행하는 방법에 관한 논문이 어디에 게재되어 있는지 그 소재를 파악할 시간이나 읽을 시간이 없을 수도 있다. 이에 필자는 워크숍 참가자들에게 혼합연구를 소개하되 2~3시간이면 읽을 수 있는 간결한 책이 필요하다는 생각을 갖게 되었다. 이 책의 주요 목적은 혼합연구를 개략적으로 설명하고 연구를 기획하거나 설계할 때 필수적인 몇 가지 단계를 소개하는 데 있다. 간결한 책인 만큼 혼합연구를 광범위하게 다루지는 않을 것이다. 하지만 혼합연구방법론을 이해하는 데 필요한 기초는 빠짐없이 제공되어 있다.

❖ 독자

이 책은 혼합연구방법을 처음 접하는 초심자나 속성으로 다시 교육받고자 하는 연구자를 위한 책이다. 이 소개서는 미국 내 사회과학, 행동과학 및 보건학에 종사하는 개인은 물론이고 전 세계 많은 대륙의 연구자를 대상으로 한다.

❖ 이 책의 특징

이 책은 쉽게 읽을 수 있는 몇 가지 특징이 있다. 일단 짧은 장으로 구성되어 있다. 참고 사항과 설명을 최대한 짧게 하여 텍스트의 흐름에서 벗어나지 않도록 하였다. 추가로 필요한 출처는 각 장의 말미에 목록을 삽입하였다. 책의 말미에 핵심 용어에 대한 짧은 '용어 해설'을 수록하여 독자들이 언제라도 이 방법론과 관련된 용어를 빨리 이해할 수 있도록 하였다. 이 책에 제시된 많은 아이디어는 SAGE Publications and Pearson에서 출판된 필자의 연구방법론 서적(일부는 플레노 클라크와의 공저)에 바탕을 두고 있다.

❖ 장(章)의 구성

먼저 제1장에서는 혼합연구의 정의를 소개하고 이 방법론의 핵심 특징을 설명하고 있다. 제2장에서는 학생과 교수들이 혼합연구 프로젝트를 설계하기 위해 필자의 사무실을 찾을 때 필자가 사용하는 몇 가지 단계를 확인하고 있다. 혼합연구를 수행하기 위해서는 양적연구 및 질적연구에서처럼 기술들이 필요하다는 점은 두말할 나위가 없다. 따라서 제3장에서는 이런 형태의 연구에 반드시 필요한 기술들을 검토하고 있다. 그런 다음 제4장에서는 모든 혼합연구 프로젝트—설계—가 가진 주요 특징에 관심을 기울이고 오늘날 프로젝트에서 사용되고 있는 여섯 가지 주요 설계를 논하고 있다. 제5장에서는 제4장에서 논한 내용에 입각하여 각 유형의 설계를 위해 절차 다이어그램을 작성하는 방법에 초점을 맞추고 있다. 설계를 염두에 두고, 혼합연구 프로젝트를 기획하고 있는 연구자들은 제6장을 참조할 수 있다. 여기에서는 프로젝트의 전단front end—목적 진술이나 연구목표 그리고 연구 문제 등 서론—을 작성하는 법을 논하고 있다. 프로젝트 기획의 두 가지 핵심 문제인 표본추출과 통합은 상이한 유형의 혼합연구 설계에서 나타나기 때문에 제7장에서 논의한다. 제8장은 연구를 마친 후 과정의 말미로 되돌아가고, 혼합연구를 출판하기 위한 제안을 한다. 제9장은 혼합연구 프로젝트 전반에 걸쳐 높은 품질을 유지하는 것이 중요하다는 것을 인정하고 연구의 질을 평가하기 위해 개발되고 있는 평가기준을 검토한다. 제10장에서는 이 책에서 시종일관 강조한 혼합연구에서 이루어진 몇 가지 과학적 발전을 요약하고, 디지털 시대의 연구 수행에 혼합연구를 배치함으로써 그 미래를 살펴보고 있다. 모든 장에서, 필자는 이 양적 접근법과 질적 접근법을 동일하게 강조하기 위해 양적연구와 질적연구를 반복해서 사용하고 있다.

차 례

역자 서문 __ 3

저자 서문 __ 7

제1장 혼합연구의 기본 특징 · · · · · · · · · · · · · · · · · · · 19

혼합연구의 이해 __ 19

혼합연구란 무엇인가 __ 20

무엇이 혼합연구가 아닌가 __ 21

혼합연구의 핵심 특성 __ 22

권고사항 __ 30

추가 읽을거리 __ 30

제2장 혼합연구의 설계 단계 · · · · · · · · · · · · · · · · · · · 31

연구 계획의 필요성 __ 31

혼합연구 과정의 단계 __ 33

가 제 __ 33

연구의 필요성에 내재된 문제 __ 35

연구의 파급효과를 기대하는 의도 __ 36

데이터 수집 및 분석 유형 __ 37
혼합연구의 사용 이유 __ 38
세계관이나 이론의 상술 __ 40
혼합연구의 정의 __ 43
다이어그램, 절차 및 설계의 선택 __ 44
잠재적인 방법론적 문제와 타당도 위협요소 __ 46
혼합연구의 목적이나 목표 __ 47
양적, 질적 및 혼합 연구의 문제 __ 47
단계를 재구성하기 __ 48
권고사항 __ 49
추가 읽을거리 __ 49

제3장 혼합연구를 시행하기 위해 필요한 기술 · · · · · 51

혼합연구 시행의 요건 __ 51
혼합연구팀 __ 53
연구에 필요한 기술 __ 55
양적연구에 필요한 기술 __ 56
질적연구에 필요한 기술 __ 59
권고사항 __ 64
추가 읽을거리 __ 65

제4장 기초 및 고급 혼합연구 설계 · · · · · · · · · · · · · · · · 67

예비 고려사항 __ 67
기초 설계 __ 68
고급 설계 __ 78

설계를 선택하는 방법 __ 87
권고사항 __ 88
추가 읽을거리 __ 90

제5장 연구 절차를 다이어그램화하는 방법 ······· 93

다이어그램의 정의 __ 93
다이어그램의 사용 __ 94
다이어그램 제작을 위한 도구 __ 95
다이어그램을 위한 기호 __ 95
다이어그램에서의 필수요소 __ 96
다이어그램을 제작하는 데 있어 기초 단계 __ 100
설계별 다이어그램의 시각적 모형 __ 100
절차와 결과물을 다이어그램에 추가하기 __ 102
고급 설계 다이어그램 그리기 __ 107
권고사항 __ 109
추가 읽을거리 __ 109

제6장 혼합연구의 서론 ······················· 111

좋은 서론의 중요성 __ 111
혼합연구의 서론을 작성하기 위한 스크립트 __ 112
혼합연구 목적 진술 __ 116
혼합연구의 문제 작성 __ 120
권고사항 __ 125
추가 읽을거리 __ 126

제7장 표본추출과 통합 문제 · · · · · · · · · · · · · · · · · · · 127

표본추출과 통합 문제 _ 127
표본추출 _ 129
통 합 _ 139
권고사항 _ 145
추가 읽을거리 _ 146

제8장 혼합연구를 출판하기 위한 글쓰기 · · · · · · · · · 147

적합한 학술지 찾기 _ 147
JMMR 논문의 분석에 사용되는 기준 _ 149
혼합연구 논문의 두 가지 유형 _ 150
설계를 반영하여 실증적 논문 구조화하기 _ 155
출판 시 포함해야 할 요소의 체크리스트 _ 159
권고사항 _ 160
추가 읽을거리 _ 161

제9장 혼합연구의 질적 평가 · · · · · · · · · · · · · · · · · · · 163

평가 기준이 어떻게 적용되는가 _ 163
우리는 평가 기준을 가지고 있어야만 하는가 _ 165
JMMR의 공동편집자로서 필자가 사용한 평가 기준 _ 169
혼합연구에 사용할 수 있는 평가 기준 _ 172
'모범 규준'을 위한 미국보건연구원 권고사항 _ 175
권고사항 _ 177
추가 읽을거리 _ 178

제10장 혼합연구의 발전과 진보 · · · · · · · · · · · · · · · · · · 179

과학적 발전 _ 179
디지털 시대의 혼합연구 _ 189
권고사항 _ 190
추가 읽을거리 _ 191

참고문헌 _ 193
용어 해설 _ 198
찾아보기 _ 204

제1장

혼합연구의 기본 특징

이 장의 주제

- 25년의 역사를 가진 연구방법론으로서의 혼합연구
- 혼합연구의 정의
- 무엇이 혼합연구가 아닌가
- 혼합연구의 네 가지 주요 특징

❖ 혼합연구의 이해

우선 혼합연구의 기본 특성들을 이해할 필요가 있다. 약 25년의 역사를 가진 **방법론**methodology으로서의 혼합연구는 쉽게 확인되는 공통 요소들을 가지고 있다. 이는 이 연구방법의 핵심 의미가 합의에 이르렀다는 뜻은 아니다. 혼합연구는 인식론과 다른 철학적 이론들이 주축이 되는 철학적 관점에서 살펴볼 수 있다. 또한 혼합연구는 방법론, 즉 광범위한 철학에 기원을 두었으며, 해석과 공표로 확장해 가는 연구 과정으로도 볼 수 있다. 혹은 페미니즘feminism이나 장애 이론 같은 변혁적 관점 내에 자리 잡을 수도 있다. 이것들 모두는 그저 가능성이므로, 저자의 관점에 따라 다양하게 정의 내릴 수 있음을 인정해야 한다.

필자는 혼합연구를 일종의 연구방법으로 본다. 이 말은, 혼합연구를 데이터 수집, 분석, 해석이 중심을 차지하는 별개의 방법적 경향으로 본다는 의미다. 이는 철학, 방법론, 혹은 연구 문제의 중요성을 축소시키려는 것이 아니다. 단지 방법을 강조하는 것인데, 이유는 이런 관점이 혼합연구 분야로 진입하는 특정적이고 구체적인 길을 알려 주기 때문이다.

❖ 혼합연구란 무엇인가

이 관점을 감안할 때, 혼합연구는 다음처럼 정의할 수 있다.

> 사회과학, 행동과학, 보건학의 연구 접근법으로, 연구자가 양적(폐쇄형) 및 질적(개방형) 데이터를 수집하고, 둘을 통합하며, 두 데이터의 장점들을 토대로 해석을 이끌어 내어 연구 문제를 이해하는 연구방법이다.

이 접근법의 핵심 가정은 연구자가 통계적 추세(양적 데이터)를 이야기와 개인적 경험(질적 데이터)과 혼합시킬 때, 이런 두 연구방법의 장점을 통해 한 종류의 데이터만 수집할 때보다 연구 문제를 더 잘 이해할 수 있다는 것이다.

❖ 무엇이 혼합연구가 아닌가

앞의 정의를 감안할 때, 혼합연구가 아닌 경우는 다음과 같다.

첫째, 혼합연구는 양적 및 질적 데이터의 단순한 수집이 아니다. 이런 형태의 연구가 유용해도, 두 데이터의 통합이나 조합의 강점을 이용한 것이라고 말하지 않는다.

둘째, 연구에서 단순히 혼합연구의 명칭을 사용한다고 해서 혼합연구가 되는 것은 아니다. 혼합연구방법론과 관련된 구체적인 과학적 기법들이 있으며, 혼합연구에 익숙한 검토자들도 그런 기법들을 능숙하게 사용하지는 못한다.

셋째, 혼합연구를 연구자가 데이터베이스에서 고정 및 확률 효과fixed and random effects에 대한 통계적 분석을 하는 양적연구에 대한 혼합 모형 접근법mixed model approach과 혼동해서는 안 된다.

넷째, 혼합연구는 연구자가 평가 과정처럼 양적 및 질적 데이터를 수집하고 통합할지라도 형성 평가 및 총괄 평가 같은 단순한 평가 기법이 아니다.

다섯째, 혼합연구는 질적 데이터를 양적 설계에 단순히 추가하는 것이 아니다. 혼합연구가 이런 식으로 적용될 수 있지만, 양적 데이터를 질적 설계에도 추가할 수 있기에, 둘 중 어떤 방식을 쓰든 이에 대한 근거가 필요하다.

여섯째, 더욱이 혼합연구는 여러 유형들의 질적 데이터(예: 인터뷰 및 관찰)의 수집 혹은 다양한 유형의 양적 데이터(예: 설문조사 데이터, 실험적 데이터)의 단순한 수집도 아니다. 혼합연구에는 양적 및 질적 데이터의 수집, 분석 및 통합이 수반된다. 이런 식으로, 다양한 연구 접근법들(예: 추세뿐 아니라 이야기와 개인적 경험)은 한 가지 유형(양적 혹은 질적)의 데이터 수집보다 연구 문제를 이해하는 데 더 많은 기여를 할 수 있다. 다양한 유형의 질적 데이터(혹은 다양한 유형의 양적 데이터)만 수집되는 경우는 혼합연구가 아니라 다중방법적연구 multimethod research라고 한다.

❖ 혼합연구의 핵심 특성

- 연구 문제들에 따른 양적 및 질적 데이터의 수집과 분석
- 견고한 질적 및 양적 연구방법들의 사용
- 특정한 혼합연구 설계 유형을 사용해서 양적 및 질적 데이터를 혼합 혹은 통합, 그리고 이 통합에 대한 해석
- 때로, 설계는 철학이나 이론에 토대를 둠

이 장의 중 · 후반부에서는 핵심 특성을 더 자세히 다룰 것이다.

양적 및 질적 데이터의 수집

우선 두 유형의 데이터는 다르지만 둘 다 중요한 역할을 한다는 가정부터 시작하겠다. 양적 연구방법을 사용하는 연구자는 연구 대상을 결정하고, 구체적 문제나 가설을 제시하며, 답변을 찾는 것을 촉진시키는 변수들을 측정하고, 연구 문제/가설에 답해 주는 정보를 얻기 위해 통계 분석을 사용하며, 결과를 해석한다. 이런 연구 방식은 질적연구와는 꽤 다르다. 질적연구에서 연구자는 일반적 질문을 하고, 텍스트, 음성 녹음본, 동영상 같은 유형의 데이터를 수집한다. 질적연구의 특징은 연구자가 참가자를 직접 관찰하거나 도구들(인터뷰, 포커스 그룹 프로토콜, 혹은 설문지)을 통해 개방형 질문을 하여 데이터를 수집한다는 것이다. 질적 데이터 수집 후에 연구자는 주제 분석을 하고, 문학적 형식(예: 이야기나 담화)으로 결과들을 제시한다. 따라서 두 방법은 일반적인 연구 과정, 즉 '문제 파악, 연구 문제 선정, 데이터 수집, 데이터 분석 및 결과 해석' 과정을 따른다. 그러나 이 각각의 단계를 시행하는 목적은 양적 연구방법과 질적 연구방법 간에 상당히 다르다.

양적 및 질적 연구의 요소들은 혼합연구에 포함된다. 그러므로 혼합연구방법을 쓰는 연구자는 양적 및 질적 연구방법에 모두 능해야 한다. 더욱이, 혼합연구 설계를 최대한 이용하려면, 연구자는 양적 및 질적 연구의 장단점을 잘 알아야 한다. 양적 및 질적 연구를 간단히 비교하면 〈표 1-1〉과 같다.

〈표 1-1〉 질적 및 양적 연구의 장점 및 단점

질적연구	
장점	단점
• 소수의 사람들의 자세한 관점들이 제공됨 • 참가자의 목소리를 들을 수 있음 • 참가자의 경험을 맥락 속에서 이해할 수 있음 • 해석자가 아닌 연구대상(참가자) 관점에 근거함 • 자신의 이야기를 하기 좋아하는 사람들이 선호하는 연구방법	• 일반화가 어려움 • 연성 데이터(soft data)만 제공됨[숫자와 같은 경성 데이터(hard data)는 제공 안 됨] • 많은 사람들을 대상으로 연구하기 어려움 • 매우 주관적임 • 연구대상에 의존하기 때문에 연구자의 전문성 활용이 어려움
양적연구	
장점	단점
• 많은 이를 대상으로 결론이 도출됨 • 효과적인 데이터 분석이 가능함 • 데이터 내 관계들의 조사가 가능함 • 개연성 있는 원인과 결과를 검토 • 편향을 통제함 • 수적 표현을 선호하는 사람들이 주로 사용함	• 인간적 요소가 없고 무미건조함 • 연구대상들이 사용한 단어를 기록하지 못함 • 연구대상의 맥락을 이해하는 데 한계가 있음 • 연구자 중심임

견고한 방법의 사용

양적 및 질적 연구가 혼합연구에서 사용되지만, 이는 각 연구방법의 범위가 축소된다는 의미는 아니다. 오랫동안 여러 저자들은 양적 혹은 질적 관점에서 견고한 연구의 구성요소에 대한 기준을 계속 발전시켜 왔다. 우리는 그 지침들을 따라야 한다. 그것은 의학 분야의 CONSORT 지침들이거나 연구 설계를 다룬 『연구 설계: 질적 및 양적 및 혼합 연구방법(Qualitative Quantitative, and Mixed Methods Approaches)』(Creswell, 2014)에 나오는 질적연구를 위한 비공식 지침이다. 견고한 양적 및 질적 연구방법들의 핵심 요소는 다음과 같다.

- 설계 유형(예: 실험, 민족지학)
- 연구 장소 이용에 대한 허가
- 표집 방법(체계적 표집 대 목적적 표집)
- 연구대상(참가자) 수
- 수집될 데이터 유형(예: 텍스트, 음성 녹음본 및 동영상, 테스트 점수, 질문지 답변)
- 데이터 수집에 사용되는 도구(예: 설문조사, 관찰 체크리스트, 개방형 인터뷰, 포커스 그룹 프로토콜)
- 데이터 분석의 첫 단계로서의 데이터베이스 조직 및 정리
- 후반부 데이터 분석 절차, 기본적 방법에서 정교한 방법까지(예: 기술적 방법에서 추론적 방법까지, 코딩부터 주제 전개까지)
- 데이터의 타당도와 신뢰도를 구축하는 방법(예: 내적 타당도 대 타당화 전략)

데이터 통합

혼합연구 분야에서는 데이터세트를 어떻게 통합할 것인가에 대한 질문이 가장 혼란스럽다. 어떻게 단어나 텍스트 데이터를 숫자나 숫자 데이터와 조화시킬 수 있을까? 연구자들은 이런 과정에 익숙하지

않을 때가 많은데, 그 이유는 주로 한 유형의 데이터(양적 혹은 질적 데이터)만 다루기 때문이다.

데이터베이스를 어디서 어떻게 통합하는지를 이해하려면 우선 혼합연구 설계 유형들을 알아야 한다(설계들은 여기서 간단히 소개할 것이며, 4장에서 더 자세히 다룰 것이다). 모든 혼합연구 프로젝트의 중심에는 세 가지 기초 설계가 있고, 기초 설계basic design와 부가적 요소들로 구성된 세 가지 고급 설계advanced design가 있다.

혼합연구의 세 가지 기초 설계는 다음과 같다.

- 수렴적 설계convergent design: 이 설계의 의도는 양적 및 질적 데이터의 수집, 두 데이터세트의 분석, 그리고 두 데이터 분석 결과들을 비교한 후 병합하는 것이다(어떤 연구자는 수렴적 설계는 다른 데이터세트의 결과로 한 데이터세트의 결과의 정당성을 입증하는 것이라고 한다).
- 설명적 순차 설계explanatory sequential design: 이 설계의 의도는 먼저 양적 방법들을 사용한 후 질적 방법들을 사용해서 양적 결과들을 더 자세히 설명하는 데 있다. 이것은 쉽고 간단한 설계다.
- 탐색적 순차 설계exploratory sequential design: 이 설계의 의도는 문제를 질적 방법으로 탐구하는 것인데, 그 이유는 연구 문제들이 잘 알려지지 않은 것이거나, 해당 집단에 대한 연구가 적거나 거의 되지 않은 상태이거나, 연구할 장소의 접근이 어려울 수 있기 때문이다. 이런 초기 탐색 후에, 연구자는 질적연구 결과들을 사용해서 프로젝트의 두 번째 양적 단계를 구축한다.

이 단계에서 연구의 변수들을 측정해 주는 도구를 설계하는 동시에 실험적 중재intervention를 위한 활동을 개발하거나 혹은 기존 도구로 측정될 유형typology을 고안한다. 세 번째 단계에서는 양적 도구, 중재, 혹은 변수들이 양적 데이터 수집과 분석 절차에서 사용된다.

이런 기초 설계들 중 하나가 모든 혼합연구에서 매우 일반적으로 내재되어 있는 것을 볼 수 있다. 어떤 연구에서는 부가적 특징들이 기초 설계에 추가된다. 그런 작업으로 만들어진 설계를 고급 설계라고 한다. 다음은 혼합연구 관련 문헌에서 자주 다루어지는 고급 설계의 예다.

- **중재 설계**intervention design: 이 설계에서 연구자들은 더 대규모의 실험적 틀 내에서 수렴적, 설명적, 혹은 탐색적 설계를 적용한다. 간단히 말해, 연구자는 실험 중 특정 단계(예: 실험 전, 실험 중, 혹은 실험 후)에서 질적 데이터를 수집한다. 이 경우 통합은 실험적 시험 내에 질적 데이터를 내재화시키는 식으로 이루어진다.
- **사회 정의 혹은 변혁적 설계**social justice or transformative design: 이 설계에서 연구자는 수렴적, 설명적, 혹은 탐색적 설계의 기반이 되는 사회 정의 구조틀framework을 포함시킨다. 이 틀은 다양한 의미에서 혼합연구에 이용되지만, 오늘날 우리 사회에서 개인의 삶의 질 향상에 목표를 둔 연구에 있어 지속적으로 핵심

적인 부분이기도 하다(예: 페미니스트 사회 정의 설계). 이런 유형의 설계에서, 통합에는 연구 내내 사회 정의 개념을 엮는 작업이 수반된다.

- **다단계 평가 설계**multistage evaluation design: 이는 지속적 탐구라는 핵심 목표하에, 시간에 따른 여러 단계들로 구성된 종단적 연구다. 이 목표 내에서 수렴적, 설명적, 혹은 탐색적 설계를 사용한 여러 개의 혼합연구들(뿐만 아니라 개별적인 양적 및 질적 연구들)이 사용된다. 이런 설계의 대표적 예로, 공동체 내 프로그램의 설계, 시범 실행piloting 및 본격적 실행에 대한 시간에 따른 평가가 있다. 연구의 여러 단계들(요구 평가, 개념적 틀, 프로그램 검정, 프로그램에 대한 추적조사)은 이런 프로그램 평가 연구에 포함될 것이다. 이 경우, 통합은 시간에 따라 한 단계에서 다른 단계로 확장되는 것으로 구성된다.

이렇게 통합은 여러 형태를 띨 수 있는데, 설계 유형에 따라 병합, 설명, 구축, 내재화가 있다. 프로젝트 내 설계는 미리 계획되기보다는 서서히 발현되는 것이 일반적이다. 이 외에도 이런 기초 및 고급 설계를 기반으로 약간 변형된 설계들도 가능하고, 또 종종 사용되기도 한다. 그러나 혼합연구를 배우는 학습자들이 여섯 가지 설계(세 가지는 기초 설계, 세 가지는 고급 설계)를 이해하는 것이 중요한데, 이유는 이 설계들이 문헌에 자주 등장하는 인기 있는 유형이기 때문이다.

구조틀의 사용

고급 설계는 혼합연구에서 자주 사용되는 다양한 개념적 및 이론적 틀의 중요성을 시사한다. 혼합연구에서는, 연구의 기틀이 되는 사회과학 및 행동과학 틀이 자주 사용된다. 예를 들면, 연구자는 리더십 이론을 사용해서 설명적 순차 설계를 진행하고, 양적 및 질적 결과를 제시한다. 또한 행동 변화 모형은 보건학에서 혼합연구의 기틀이 되기도 한다. 사회 정의 설계에서 볼 수 있듯, 소외집단의 요구를 충족해 주는 프로젝트의 경우 구조틀은 변혁transformative 이론이나 옹호advocacy 이론인 경우가 많다(예: 인종적 프로파일링에 관한 혼합연구). 이런 이론적 틀은 사회적 혹은 행동적 이론 모형이나 변혁 이론 모형에 속한다.

혼합연구에서 사용되는 또 다른 구조틀은 철학적 관점이다. 철학적 구조틀은 연구에 대한 일반적 믿음과 가정이다. 예를 들면, 연구자가 지식을 어떻게 발견하는지와 같은 것이다. 우리는 세계의 특성에 대한 우리의 이해 및 무슨 정보가 수집되어야 하는가에 대한 우리의 가정(예: 주관적 지식 대 객관적 지식)을 연구에 적용시킨다. 이런 철학적 가정들이 연구에서 명시적 혹은 암시적으로 드러나는지는 연구 분야마다 다르다. 어떤 분야든지 우리의 가치와 믿음은 연구를 대하는 우리의 경향, 데이터 수집 방법, 우리가 연구에 가져오는 편견, 조사를 발현적이거나 고정적이라고 보는 우리의 시선 등에 영향을 끼침을 인정해야 한다.

❖ 권고사항

혼합연구를 계획하거나 진행 중인 연구자들은 다음을 할 수 있어야 한다.

- 혼합연구를 정의한다.
- 제안된 연구가 이 정의에 적합한지를 인식한다.
- 자신의 혼합연구 프로젝트를 평가한다. 다음 질문을 통해 혼합연구의 네 가지 주요 특성들이 포함되었는지 알아본다.
  - 나는 연구 문제에 적합한 양적 및 질적 데이터를 수집하고 분석하는 중인가?
  - 나는 견고한 질적 및 양적 방법을 사용하는 중인가?
  - 나는 양적 및 질적 데이터를 혼합 혹은 통합하고, 이 통합을 해석하며, 혼합연구 설계를 사용하는 중인가?
  - 나는 철학이나 이론을 토대로 연구를 진행하는가?

추가 읽을거리

Creswell, J. W., & Plano Clark, V. L. (2011). *Designing and conducting mixed methods research* (2nd ed.). Thousand Oaks, CA: SAGE.

Johnson, R. B., Onwuegbuzie, A. J., & Turner, L. A. (2007). Toward a definition of mixed methods research. *Journal of Mixed Methods Research, 1*(2), 112-133.

제2장

혼합연구의 설계 단계

이 장의 주제

- 혼합연구 설계를 배우기 위한 '연구실 방문'
- 혼합연구 설계의 단계

❖ 연구 계획의 필요성

혼합연구를 하려는 연구자들은 해당 주제를 다룬 책을 참고하거나, 혼합연구를 한 적 있는 교수나 전문가와 상의하거나, 연구방법을 배울 수 있는 워크숍이나 학회에 참여해야 한다. 간혹 혼합연구 관련 자료들을 얻지 못할 수도 있다. 특히 혼합연구에 생소한 연구자들이나, 먼 곳에 거주하여 워크숍이나 학회에 참여하기 어려운 연구자들의 경우가 이에 해당된다. 이 장에서는 혼합연구를 시행하는 것과 관련해 필자가 조언하는 단계들이 제시될 것이다. 방식은 마치 혼합연구 프로젝트를 설계 중인 독자가 필자의 사무실로 방문하면, 필자가 독자의 혼합연구 프로젝트의 설계를 단계별로 돕는 것처럼 제시될 것이다. 분명히 이 모든 주제들은 한 번의 세션으로는 충분히 다룰 수 없으며, 여러 번의 만남을 통한 합동 작업이 필요하다.

우선 필자는 독자가 혼합연구 논문을 보게 될 대상을 정했는지(예: 졸업생 위원회, 저널, 기금 모금기관), 양적 및 질적 데이터 사용에 대한 접근과 허가를 얻었는지, 질적 및 양적 연구의 기술을 갖추었는지(3장 참고), 그리고 연구 문제 검토를 위해 여러 관점들을 사용하는 것에 대한 개방적 태도를 가졌는지를 물어볼 것이다. 그 다음, 필자는 우리가 논의할 주제를 제안할 것이다. 그러나 연구 프로젝트 수행에서 일반적으로 따르는 순서대로 제시하지 않고, 프로젝트를 쉽게 시작할 수 있는 순서(예: 달성하고 싶은 것부터 시작)로 제시할 것이다. 필자는 이런 순서를 의도적으로 소개했기에, 독자는 설계의 더 어려운 요소를 다루기 전에 구체적으로 쉽게 연구를 진행시킬 수 있을 것이다. 계획 과정을 마무리한 후에는, 연구를 계획하는 데 흔히 따르는 논리적 순서에 따라 그 단계들을 재구성해야 한다. 혼합연구 과정의 모든 단계들이 이 논의에 포함되지는 않더라도, 연구의 견고한 토대가 될 수 있는 주요 단계는 다뤄질 것이다.

❖ 혼합연구 과정의 단계

필자가 논하려는 혼합연구 과정의 단계는 다음과 같다.

① 프로젝트의 가제를 작성하기
② 연구의 필요성에 내재된 문제나 사안들을 파악하기
③ 연구 의도나 일반적 문제들을 제시하기
④ 사용된 데이터 수집과 분석 유형을 상술하기
⑤ 프로젝트에서 혼합연구 사용에 대한 이유를 제시하기
⑥ 세계관이나 이론에 대한 논의를 포함시킬 것인지 고려하기
⑦ 혼합연구를 정의하기
⑧ 혼합연구에 적용할 설계를 선택하기
⑨ 설계에 관한 도표 그리기
⑩ 연구 내의 방법론적 및 타당도 사안들을 고려하기
⑪ 혼합연구의 목적과 목표를 작성하기
⑫ 설계에 적합한 연구 문제들을(양적, 질적 및 혼합연구적 문제) 추가하기

❖ 가 제

제목부터 시작하기는 어색하지만, 필자는 제목을 연구에 대한 주

요 힌트이면서 전체 프로젝트의 핵심으로 본다. 따라서 제목에 대해 확고한 입장을 취하는 것은 연구 설계 시작에서 필수다. 분명히 가제는 시간이 지나면서 프로젝트가 더 분명히 정의되고 집중될수록 바뀌고 변경될 것이다.

다음은 바람직한 혼합연구 논문의 제목에 포함되어야 할 핵심 요소다.

- 다루어지는 주제[예: 완화치료(palliative care) 혹은 괴롭힘]
- 연구 참가자들[즉, 데이터가 수집된 이들(노인 환자나 노인), 참가자를 만날 수 있는 장소(주요 대학이나 시니어 센터)]
- 혼합연구라는 용어를 써서 사용 중인 연구방법론을 나타내야 한다.
- (적어도 초반부에는) 연구가 양적 및 질적 경향으로 기울지 않도록 하는 중립적 용어를 쓴다. 질적 경향에 가까운 단어(탐색, 의미, 발견)는 쓰면 안 된다. 또한 양적 경향의 단어(관계, 상관, 설명)도 쓰면 안 된다. '중립적' 제목을 짓는 것이 중요한데, 이유는 혼합연구는 양적 및 질적 연구 중간에 있기 때문이다.

이 외에도, 짧은 제목(10개 단어 내) 또는 콜론으로 나뉘는 두 부분으로 구성된 제목이 좋다. 양적 및 질적연구가 한 제목 안에 언급될 수 있기 때문이다. 다음은 좋은 예다.

예 1. 의사와의 우울증 상담과 관련된 관례적 규칙들: 양적 및

질적 연구방법의 통합(Wittink, Barg, & Gallo, 2006)

예 2. 고등 교육기관의 교육 리더십 박사과정 학생들의 끈기: 혼합연구 설계(Ivankova & Stick, 2007)

❖ 연구의 필요성에 내재된 문제

다음으로, 연구의 필요성에 내재된 문제나 사안에 대한 단락을 짧게 써야 한다. 이 단락은 쓰기 쉽지 않지만, 좋은 연구가 갖추어야 할 가장 중요한 요소 중 하나다. 독자가 저널을 보고 계속 읽어야 할 합당한 이유를 찾지 못한다면(문제), 독자는 그 저널에 대한 흥미를 곧 잃을 것이다. 따라서 첫 문장으로 독자를 사로잡으려면 소설가처럼 써야 한다.

이 단락이 쓰기 어려운 이유는 연구의 특성에 대한 기본 이해와 관련 있다. 연구의 목표는 문제들을 다루는 것이다. 이는 분명한 사실이다. 그러나 필자는 연구자가 이 중요한 사실을 이해하는지는 확신할 수 없다. 또한 문제를 기술하는 것은 때로 어려운데, 그 이유는 '무엇이 행해질 필요가 있는가'보다는 '무엇이 행해지고 있는가'를 쓰기가 더 쉽기 때문이다. 필자가 보기에는 문제에 관한 여러 진술은 '무엇을 고쳐야 할 필요가 있는가'보다는 '무엇이 존재하는가' 쪽으로 쓰이고 있다. 그러므로 혼합연구 계획안에 대한 이 단락을 쓰기 위해, 다루어야 할 문제나 사안에 대해 생각해 보아야 한다. 어떤 경우, 둘 이상의 사안들이 연구의 필요성으로 이끌 수 있다. 또한 '문헌에서 요구' 혹은 '차이가 있다' 혹은 문헌이 '상충된 결과'를 보여 주었다는 것 이상을 진술할 것을 고려해야 한다. 이것들은 문제의 좋은 근거가 된다. 그러나 '실용적' 문제들, 즉 다루어져야 하는 실제 혹은 현실의 문제들을 제시하면 더 좋을 것이다. 정책결정자, 보건의료인, 혹은 교사는 무엇을 필요로 하는가? 현실의 문제들과 결핍된 부분들을 혼합해서 문헌 안에 기술해야 한다.

❖ 연구의 파급효과를 기대하는 의도

제목을 짓고 문제를 파악한 후에는 연구의 일반적 의도intent(혹은 목적)를 제시해야 한다. 이는 한 문장으로만 쓸 수도 있다. 그 다음에는 이 문장을 계획안의 연구 목표 부분에 넣어야 한다. 의도를 설정하려면, 연구가 끝날 때쯤 무엇을 얻고 싶은가를 생각해 보면 된다. 무엇이 이 프로젝트의 주요 목적인가?

가상의 사무실 방문 중에 독자가 이 의도를 쓴다면, 필자는 연구자인 독자가 이를 어떻게 표현했는지 보고 싶을 것이다. 그 문구만 봐도 연구자에게 가장 적절할 법한 설계 유형뿐 아니라 연구자가 갖추어야 할 기술 수준을 예상할 수 있을 것이다. 필자는 독자의 경향이 암시되거나, 독자에게 가장 어울릴 법한 혼합연구 유형을 알려 주는 양적 혹은 질적 단어를 찾아 줄 것이다.

❖ 데이터 수집 및 분석 유형

다음으로, 양적 및 질적 데이터 수집과 분석 유형들을 파악하는 것이 중요하다. 두 개의 열columns을 그린 후, 각 열 밑에는 프로젝트에서 사용될 데이터 수집과 분석 방식들을 나열해야 한다. 일반적으로 필자는 연구자들에게 데이터 수집 열 아래에는 (양적 및 질적 데이터에 대해) 다음의 항목들을 쓰도록 지도한다.

- 연구대상
- 연구 장소
- 연구대상 인원수
- 수집될 정보 유형(예: 양적 데이터의 경우 측정치와 변수, 질적 데이터의 경우 중심 현상)
- 데이터 유형(예: 도구, 기록, 인터뷰)

또한 예상되는 데이터 분석 방식을 나열해야 한다.

- 데이터 조직을 위한 절차(예: SPSS 파일에 데이터를 입력함, 음성 녹음본을 옮겨 씀)
- 데이터에 대한 기본적 분석 절차(예: 질적 데이터의 코딩, 양적 데이터의 기술적 분석)
- 데이터에 대한 고차원의 분석 절차[예: 양적 데이터의 경우 집단들

을 비교하거나 변수들을 관계 짓고, 질적 데이터의 경우 주제를 개발하거나 연표chronology를 작성]

- 분석에 유용한 소프트웨어 프로그램(예: SPSS, MAXQDA)

❖ 혼합연구의 사용 이유

과정의 다음 단계는 혼합연구를 방법론으로 사용하는 것에 대한 이유가 제시된 단락을 쓰는 것이다. 필자는 혼합연구에 대한 이론적 근거를 쓸 필요가 있다고 본다. 이는 마치 연방 제안서에 전형적으로 요구되는 질적연구에 대한 이론적 근거와 유사하다. 아마도 이 방법론이 널리 알려지고 인정될수록, 앞으로는 이 방법론에 대한 이론적 근거를 쓸 필요가 없을 것이다. 그러기 전까지, 우리는 독자에게 혼합연구방법이 연구에 사용하기 적절한 방법임을 납득시켜야 한다. 이것을 어떻게 할 수 있을까?

이 질문에 대해 두 가지 측면의 답을 제시하겠다. 첫째, 혼합연구 사용에 대한 일반적인 이론적 근거가 있다. 양적연구방법 혹은 질적연구방법만 사용하는 것이 문제에 대한 이해를 얻는 데 불충분할 경우에는 혼합연구방법을 사용하는 것이 적절하다. 한 방법만 사용하는 것은 각 방법에 내재된 약점 때문에 불충분하다. 양적연구는 개인적 이야기와 의미를 충분히 조사하지 않거나 개인의 관점을 깊이 탐구하지 않는다. 반면, 질적연구는 소집단의 견해를 대집단으로 일반화하기가 어렵다. 일반적으로 사람들이 무엇을 느끼는지 정확히 측정하기는 어렵다. 간단히 말해, 모든 연구방법들은 나름의 장단점을 가지며, 두 방법의 장점을 결합했다는 것은 혼합연구 사용에 대한 좋은 이론적 근거가 된다(양적연구는 일반화와 정밀화가 가능하다. 질적연구는 경험에 대한 자세한 개인적 관점을 제공한다). 또한 한 연구방법의 장점이 어떻게 다른 연구방법의 단점을 보충해 줄 수 있는지도 고려해야 한다. 이는 이 방법론에 대한 예전 논문들에서 혼합연구 사용을 옹호하기 위한 핵심적 근거였다(Rossman & Wilson, 1985 참고).

더 구체적 수준에서, 양적 및 질적 연구를 혼합하면 다음이 가능하다.

- 폐쇄형 응답 데이터(양적)와 개방형 개인적 데이터(질적)를 통해 두 가지 다른 관점을 얻을 수 있다.
- 양적 혹은 질적 관점보다는 문제에 대하여 보다 종합적인 관점과 더 많은 데이터를 얻을 수 있다.
- 개인적 경험의 환경, 장소, 맥락에 대한 세부사항(질적 정보)을 도구 데이터(양적 정보)에 추가시킬 수 있다.
- 도구, 측정, 중재(양적연구)가 실질적 연구대상인 참가자와 장소에 적합한지 확인하기 위해, 참가자들을 대상으로 예비적 탐색(질적연구)을 시행할 수 있다.
- 질적 데이터를 우리의 실험적 시험(양적연구)에 추가할 수 있다. 예를 들면, 이는 모집할 연구대상과 사용할 중재를 파악하고, 시험 중에 연구대상의 개인적 경험을 평가하며, 결과를 더 자세히 설명하려고 추적조사를 하는 식으로 가능하다.

혼합연구를 계획 중이라면, 혼합연구 사용에 대한 일반적인 이론적 근거 및 앞의 목록을 살펴보고, 그중 어떤 것이 독자(연구자)가 하려는 연구에 적합한지 알아보면서 구체적 근거를 파악하도록 권장될 것이다. 이런 구체적 근거들은 혼합연구 설계의 특정 유형들과 연계되어 있다(4장에서 논의될 것임).

❖ 세계관이나 이론의 상술

우리의 세계관(혹은 패러다임)은 명시적이든 아니든 우리 연구 속에 스며든다. 세계관은 우리가 연구를 시행하는 방법에 영향을 주는 일련의 믿음이나 가치로 볼 수 있다(Guba, 1990). 이 주제를 다루려면, 연구 시행의 철학적 영역으로 들어가야 한다. 이런 믿음들은 주장을 위해 우리가 무슨 유형의 증거를 사용하는지(인식론) 혹은 실제reality가 다수 혹은 하나라고 느끼는지와 관련 있다(존재론). 예를 들면, 우리는 실제를 많은 사람들의 행동을 설명하는 데 유용한 이론 속에서 찾을 수 있거나, 혹은 하나의 일반적 설명보다는 다양한 관점들로 더 잘 규정된다고 생각할 수 있다. 우리의 연구 진행 방식의 측면에서, 연구 설계는 다음 단계에 영향을 주는 변화들이 내포된 발현적 설계emerging design이거나 혹은 가설을 바꿀 수 없고, 처음 측정하기로 한 것 이상의 추가적 데이터를 구축하지 못하는 고정된 설계가 될 수 있다. 이런 생각은 연구에 대해 가지는 방법론적 가정과 같다.

이런 신념들은 어디서 온 것인가? 필자는 우리가 연구자로서 특정 신념을 가지도록 사회화되었다고 생각한다. 특정 분야나 학문 내에는 계속 연구되는 전형적 문제들이 있고, 이 문제에 대한 특정한 연구방법들과 학문 연구 결과를 공표하는 방식들이 있다. 따라서 연구와 관련된 신념 혹은 가치는 우리가 학생으로, 그리고 연구 공동체 내에서 교사와 학자로서 사회화될 때 구축되기 시작된다. 이는 수년 전에 토마스 쿤Thomas Kuuhn의 『과학 혁명의 구조(The Structure of Scientific Revolutions)』(1962)라는 책에서 처음 발표된 패러다임에 대한 신념의 이론적 근거였다.

예전부터 혼합연구에 대해 쓴 저자들은 어떤 철학적 신조들이 이런 탐구방법에 토대를 제공했는지에 관심이 있었다. 사람들은 연구방법들을 철학에 연계시키는 경우가 많았다. 예를 들면, 연구자가 질적인 포커스 그룹 데이터를 수집하는 것은, 다수의 의미를 이해하는 구성주의 세계관과 관련 있던 적이 많았다. 연구자가 도구들에 대한 데이터를 수집하는 경우에는, 후기실증주의(역자 주: 인간사를 실질적으로 이해하고 그 문제를 해결하기 위해서 과학적 증명이나 검정보다는 상황에 처한 이해를 위한 해석적 담론의 과정을 거쳐야 한다는 인식론)와 관련된 환원주의(역자 주: 복잡하고 추상적인 사상이나 개념을 단일 수준의 더 기본적인 요소로부터 설명하려는 입장) 관점이 반영된다(Creswell, 2013). 혼합연구에서 시사되는 것처럼, 두 가지 다른 세계관은 어떻게 공존할 수 있을까?

이 질문에 대한 혼합연구자들의 답변은, 양적 및 질적 데이터 수집에 영향을 주는 한 가지 기본 철학을 찾아보는 것이다. 어떤 혼합연구자들은 철학으로서 실용주의(즉, '실제로 작동하는 것'과 실제)를 고수한다. 반면, 다른 이들은 비판적 현실주의를, 그리고 또 다른 이들은 변증법적 다원주의를 고수한다. 연구자가 이런 다양한 철학들에 대해 얼마나 많이 아는지, 그리고 어떤 것이 특정한 혼합연구 프로젝트와 어울릴 것인지에 따라 선택이 달라진다.

혼합연구의 설계에서 세계관을 명시적으로 밝힐 것인지에 관한 것도 중요 사안이다. 보건학의 경우, 철학이 명시적으로 드러난 경우는 그다지 많지 않다. 사회과학 및 행동과학의 경우, 철학은 흔히 볼 수 있다. 철학이 혼합연구 계획에 삽입될 때, 철학을 설명하고 충분한 참고문헌을 제공할 책임은 연구자에게 있으며, 독자는 이를 더 자세히 조사해 볼 수 있다. 더욱이, 연구자는 해당 철학이 혼합연구 프로젝트에 어떤 영향을 주는지를 더 분명하게 알고 있어야 한다.

철학적 가정들과 대조적으로, 이론들은 혼합연구에서 흔히 사용된다. 연구자들은 무슨 이론을 사용할지, 그리고 이론을 혼합연구 프로젝트에 어떻게 구체적으로 통합시킬 것인지 정하기 위한 계획을 세워야 한다. 양적연구에서의 이론은 연구자가 밝혀내려고 하는 것에 대한 설명이다. 이런 이론은 설명, 예측, 일반화하는 데 사용될 수 있으며, 연구 문제와 가정에 영향을 준다. 질적연구에서의 이론도 설명될 수 있다. 또한 이는 연구 과정의 단계들에 영향을 주는 관점lens일 수도 있다.

사회과학, 행동과학 및 보건학 연구의 경우, 사회과학에서 유래된 이론들(예: 확산 이론, 리더십 이론 혹은 행동변화 이론)이 자주 사용될 수 있다. 혹자는 문헌 속에서 이런 이론들을 보거나, 이론이 들어 있는 저널과 논문을 자세히 읽음으로써 찾아낸다. 그 이론들은 연구의 양적인 측면에 토대가 되며, 연구 문제들을 정하는 데 유용하다. 질적연구에서, 이론은 연구 초기에 제기되거나(예: 문화접변에 대한 민족지학 이론) 데이터 수집을 통해(예: 근거 이론 연구의 경우) 드러날 수도 있다. 혼합연구에서 이런 이론들을 명시적으로 밝혀내고, 상세하게 기술하며, 이론의 저자를 알리고, 이론이 혼합연구의 특정 단계에 어떻게 영향을 주는지(예: 데이터 수집에서 양적인 요소)를 암시하는 것은 유용하다.

또 다른 유형의 이론으로 변혁, 참여, 혹은 옹호 이론이 있다. 예를 들면, 혼합연구에서 이론적 관점은 페미니스트 이론, 사회경제학 이론, 장애 이론, 혹은 인종 및 민족 이론에서 유래된다. 이런 이론적 경향들은 혼합연구 프로젝트의 다양한 단계들의 토대가 되는 중요 관점이다. 보건학에서 유명한 이론(혹은 관점)으로 공동체 기반 참여 연구community-based participatory research: CBPR가 있다. CBPR에서 이해관계자나 공동체 구성원은 연구의 여러 단계들에서 능동적 참가자로서 문제 파악 및 연구 문제 설계를 도우며, 데이터 수집과 분석에 협력하고, 결과를 알리는 데 기여한다. 요즘은 사회과학 혹은 참여 이론에 토대를 두지 않은 혼합연구들을 찾아보기 어렵다.

❖ 혼합연구의 정의

이제 혼합연구의 설계는 구체적 영역들로 접어들기 시작한다. 이 중 하나는 혼합연구의 정의다. 저널이나 제안서에서 연구방법에 대한 논의를 시작할 때, 저자는 우선 자신들이 사용하는 방법(예: 무작위 통제 실험, 준실험 및 민족지학)을 정의해야 한다. 혼합연구를 연구방법으로 선택했다면, 이를 정의해야 한다.

혼합연구 정의에는 다음의 요소가 있어야 한다(1장의 '혼합연구의 핵심 특성' 참고).

- 혼합연구는 사회과학, 행동과학 및 보건학 연구에 적절한 연구 방법론이다.
- 혼합연구에는 연구 문제들에 따른 양적 및 질적 데이터의 수집과 분석이 포함된다.
- 두 개의 데이터를 혼합하거나 병합하고, 연계시키거나(예: 양적 연구 후에 질적연구를 제시함) 끼워 넣음으로써(예: 질적 데이터가 실험적 시험에 사용됨) 두 개의 데이터를 통합시켜야 한다.
- 이런 절차들을 설계나 연구 시행을 위한 계획에 통합시켜야 한다. 이때 연구는 철학적 가정이나 이론적 틀 안에서 행해진다.

❖ 다이어그램, 절차 및 설계의 선택

설계는 연구 중에 바뀔 수 있지만, 앞으로 사용할 설계를 파악하고 다른 이들(예: 위원회 회원, 학회의 청중, 제안서 검토자)에게 알리기 위해 설계에 관한 다이어그램을 그리는 것이 유용하다.

이 단계에서 우선 기초 설계를 고려해야 한다(기초 설계는 수렴적 설계, 설명적 순차 설계, 탐색적 순차 설계이며, 이는 4장에서 자세히 논의될 것이다). 유용한 참고자료는 『혼합연구의 설계와 시행(Designing and Conducting Mixed Methods Research)』(Creswell & Plano Clark, 2011)이며 이 자료에서는 각 설계에 적합한 다이어그램 유형이 소개된다.

연구를 계획 중인 독자가 필자의 사무실을 방문한다면, 필자는 독자에게 기초 설계에 대한 그림을 그려 보고, 해당 설계를 사용한 의도를 말해 보라고 할 것이다. 필자는 연구 설계에 대해 말할 때 사용된 기본 표기법도 검토해 줄 것이다. 독자는 이 의도를 다음처럼 간단히 언급할 수 있다.

> 예 1. 탐색적 순차 설계: 양적연구 결과를 설명하기 위해 양적연구에서 질적연구로 이어진다.

다음으로, 기초 설계를 간단한 다이어그램으로 그려야 한다. 그 후, 각 단계에서 실현하고 싶은 구체적 절차나 산물 같은 특징들을 추가해야 한다. 또한 설계 시행의 단계들을 열거해야 한다(5장 참고). 기초 설계를 그린 후, 주요 특징[예: 실험(혹은 중재 시행), 프로젝트의 모든 단계의 토대가 되는 이론적 구조틀, 혹은 평가 관점]을 연구에 추가해야 한다. 이런 추가된 요소들도 다이어그램 안에 그려 넣어야 하며, 이로써 고급 설계가 만들어질 것이다. 마지막으로, 시간표, 적절한 제목, 표기법, 기타 특징을 설계 다이어그램에 추가시키는 방법을 논의해야 한다. 이는 5장에서 논의될 것이다.

❖ 잠재적인 방법론적 문제와 타당도 위협요소

질적 및 양적 연구를 하는 연구자들이 연구 타당도를 손상시키는 요소를 고려할 필요가 있는 것처럼, 혼합연구자들도 혼합연구 시행의 특정적인 타당도에 위협을 주는 요소들을 고려해야 한다. 이때, 선택한 설계에 근거해 이런 위협요소들을 고려해야 한다(Creswell, 출판 중)(설계는 4장에서 자세히 다룬다.). 수렴적 설계를 사용하는 경우, 질적연구에서 다루는 중심 현상들과 양적연구에서 다루는 변수나 구성체들이 유사한지를 고려해야 한다. 이 설계에서 다른 위협요소들은 질적 및 양적 데이터를 위해 동일하거나 동일하지 않은 표본 크기를 사용하기로 결정했는지, 데이터가 비슷한 분석 단위(개인 혹은 집단)를 가졌는지, 두 분석의 결과를 어떻게 병합할 것인지, 그리고 다채로운 결과를 어떻게 설명할 것인지에 따라 발생한다. 설명적 순차 설계에서는 다른 잠재적 위협요소들이 등장한다. 이 경우, 몇 가지 결정들에 대해 생각해 봐야 한다. 어떤 양적 결과들에 추적조사가 필요한지, 추적조사 참가자의 표본을 어떻게 선택할 것인지, 관련된 인터뷰 질문을 어떻게 구성할 것인지, 그리고 질적 데이터가 양적 결과를 설명해 주는지를 어떻게 알아볼 것인지 등이다. 마지막으로, 탐색적 순차 설계의 경우, 질적 단계에서 양적 단계까지 구축할 때 발생되는 사안들에 초점을 두어야 한다. 예를 들면, 도구를 개발할 때 질적연구 결과들을 문항이나 척도로 전환한 후, 좋은 심리측정적 절차psychometric procedures(예: 신뢰도와 타당도 증거 검토하기)를 사용해야 한다. 이런 위협요소들에 주목하는 것은 연구 계획에서 중요한 부분이다.

❖ 혼합연구의 목적이나 목표

다음으로, 연구 목적(역자 주: 나아가려는 방향)을 세워야 한다. 즉, 연구 목표(역자 주: 목적을 이루기 위해 실제로 대상을 정하는 것 또는 그 대상 자체)가 들어 있는 단락을 써야 한다. 이 단락에는 연구 중 달성하려는 것, 사용할 설계 유형 및 이에 대한 간단한 정의, 사용할 양적 및 질적 데이터 수집 및 분석 방법, 혼합연구 사용에 대한 이론적 근거가 들어 있어야 한다. 이 연구 목적이나 목표에는 연구에서 사용되는 설계 유형이 반영되어야 한다(6장 참고).

❖ 양적, 질적 및 혼합 연구의 문제

이제, 연구 목적을 염두에 두고, 연구 문제를 신중하게 만들어야 한다. 세 가지 유형의 문제(양적 문제 혹은 가설, 질적 문제 그리고 혼합연구 문제)를 만들어야 한다. 이때 각 문제 유형을 작성하는 데 필요한 기본 요소들을 검토해야 한다(6장 참고). 특히 이 단계는 혼합연구

에 쓰일 문제를 작성하고, 혼합연구 사용 시 기대되는 결과를 반영하는 방향으로 문제를 작성하는 방법을 배워야 한다.

❖ 단계를 재구성하기

연구 시행의 최종 단계는 좋은 연구 계획안이나 제안서에서 일반적으로 볼 수 있는 논리적 순서에 맞게 요소를 구성하는 것이다.

이 요소를 순서대로 나열하면 다음과 같다.

① 가제
② 연구 필요성을 유발하는 문제
③ 연구에서 사용된 세계관 혹은 이론
④ 목표나 연구 목적
⑤ 연구 문제
⑥ 혼합연구 사용에 대한 이론적 근거
⑦ 혼합연구에 대한 정의
⑧ 수집하고 분석해야 하는 양적 및 질적 데이터 유형
⑨ 사용할 혼합연구 설계 및 절차들에 대한 다이어그램

❖ 권고사항

이 장에서는 혼합연구를 계획 중인 연구자들이 거쳐야 할 단계들을 살펴보았다. 연구를 되는 대로 하기보다는 사전에 계획하는 것이 바람직하다. 또한 원래 계획된 단계들이라도 프로젝트 진행 중에 수정될 수 있으며, 여기서 제시된 단계들도 확정적이고 불변적인 지침은 아니다. 철학이나 이론 같은 추상적 개념보다는 쉬운 단계들, 즉 제목, 문제, 핵심 의도, 데이터 수집 같은 단계부터 시작하면 좋다. 혼합연구 사용 이유들과 정의도 제시해야 한다. 그 다음, 사용하려는 설계 유형을 정하고 절차에 대한 다이어그램도 그려야 한다. 위 과정을 제대로 한 후, 마지막으로 연구 목적이나 목표를 작성하고, 양적, 질적 및 혼합 연구에서 다룰 구체적 문제들을 작성해야 한다. 그 후 연구 과정에서 자주 보이는 논리를 제시하는 방향으로 단계들을 재구성하고, 이 단계에 기술되지 않은 부가적 요소들(예: 윤리적 사안, 연구의 실용적 중요성, 잠재적 한계)도 추가해야 한다. 여기 약술된 단계는 견고하고 정교한 혼합연구를 설계하는 데 좋은 출발점이 된다.

추가 읽을거리

Creswell, J. W. (in press). Revisiting mixed methods and advancing scientific practices. In S. N. Hesse-Biber & R. B. Johnson (Eds.), *Oxford handbook of mixed and multiple research methods.*

Oxford, UK: Oxford University Press.

Creswell, J. W., Fetters, M. D., Plano Clark, V. L., & Morales, A. (2009). Mixed methods intervention trials. In S. Andrew & E. J. Halcomb (Eds.), *Mixed methods research for nursing and the health sciences* (pp. 161-180). Oxford, UK: Wiley.

Creswell, J. W., & Zhang, W. (2009). The application of mixed methods designs to trauma research. *Journal of Traumatic Stress, 22*, 612-621. doi: 10.1002/jts.20479

Ivankova, N. V., & Stick, S. L. (2007). Students' persistence in a distributed doctoral program in educational leadership in higher education: A mixed methods study. *Research in Higher Education, 48*, 93-135. doi: 10.1007/s11162-006-9025-4

Kuhn, T. S. (1962). *The structure of scientific revolutions*. Chicago, IL: University of Chicago Press.

Wittink, M. N., Barg, F. K., & Gallo, J. J. (2006). Unwritten rules of talking to doctors about depression: Integrating qualitative and quantitative methods. *Annals of Family Medicine, 4*, 302-309. doi: 10.1370/afm.558

제3장

혼합연구를 시행하기 위해 필요한 기술

이 장의 주제

- 혼합연구의 견고함
- 혼합연구팀
- 혼합연구에 필요한 연구 설계, 양적 및 질적 기술

❖ 혼합연구 시행의 요건

필자는 혼합연구의 핵심 특징을 소개하면서, 견고한 양적 및 질적 방법들의 사용 요소도 포함시켰다. 이런 연구방법들을 쓰려면 기술 훈련과 '견고함'의 구성요소에 대한 인식이 필요하다. 이 장에서는 혼합연구자에게 필요한 기술들과, 혼합연구 시행에 필요한 구체적이고 견고한 양적 및 질적 연구방법들에 대해 논의할 것이다. 이 두 연구 유형에 대해 모르는 연구자를 위해 이 장은 이 방법들을 간단히 소개하고 있다.

혼합연구 연구자들은 때로 두 유형의 데이터를 수집하고 분석해야 하기 때문에, 혼합연구에서는 양적 요소나 질적 요소 혹은 두 요소 모두를 축약할 줄 알아야 한다. 그러나 바람직한 혼합연구는 두 요소들에 대해 견고한 절차들로 구성되어야 한다. 이는 연구자가 양적 및 질적 연구를 위한 기술들 혹은 적어도 각 연구와 관련된 방법들을 익힐 필요가 있다는 뜻이다.

또는 연구자는 다양한 방법론적 기술들을 갖춘 이들로 구성된 학술팀에 속할 수도 있다. 워크숍에서 만난 한 의사는 필자에게 "혼합연구를 하려면 최소한 무엇을 알아야 합니까?"라고 물었다. 필자는 양적 및 질적 연구를 위한 데이터 수집과 분석에 대해 알아야 하거나 이 분야 기술을 가진 이들로 구성된 팀에 합류하는 방법이 있다고 답했다. 또 다른 질문으로 "혼합연구에 참여하는 이들의 교육 수준은 어느 정도여야 합니까?"가 있다. 이 역시 좋은 질문이다. 양적 및 질적 연구 데이터의 수집과 분석을 하려면 연구에 대한 자세한 지식뿐 아니라 이런 탐구에 필요한 기술 세트를 갖추어야 한다. 혼합연구는 박사학위를 받은 이들에게 적절한 연구방법이기에, 석사 과정 혹은 대학생들은 제외될 수 있다. 적어도 필자가 본 바로는 그랬다. 그러나 예전에 남아프리카의 한 대학에서 최고의 대학생 연구를 뽑는 경시대회를 심사한 적이 있는데, 최종 다섯 팀 중 세 팀의 연구를 봤을 때 그들의 연구는 혼합연구 경향을 띠고 있는 것 같았다. 이 세 팀이 했던 프로젝트에서는 양적 및 질적 연구가 수집 및 분석되고 있었다. 그러나 아쉬운 부분은 두 데이터베이스의 완전한 통합이 없었다는 것이었다. 사실, 정교한 혼합연구 프로젝트가 되려면 다음이 필요하다.

> 혼합연구를 하려면 양적 및 질적 연구 기술을 습득해야 한다.

혼합연구 시행에 필요한 기술 세트에 대한 질문을 받게 되면, 필자는 네브래스카-링컨 대학교의 대학원 프로그램에서 제공되는 일반 과정을 언급하곤 한다. 대학원생은 통계학 및 양적연구 설계(예: 실험적 설계)에 대한 과목과 한두 개의 질적연구에 관한 과목을 들은 뒤, 필자의 혼합연구에 관한 강좌를 수강한다. 혼합연구를 진행하려면 양적 및 질적 연구 기술이 필요하다.

❖ 혼합연구팀

안타깝게도 이들은 대부분 종합적인 기술을 발전시킬 여유가 없으며, 주로 혼합연구를 하는 연구팀에 들어간다. 사실, 학제 간 연구의 증가로 인해 학계에서는 혼합연구를 하는 연구팀이 점점 늘어나고 있다. 이런 연구팀은 다양한 방법론적 경향을 가진 이들, 즉 양적 연구 기술과 질적연구 기술을 갖춘 연구자로 구성된다. 혼합연구 기술을 갖춘 팀원은 이 두 집단을 이어 주고, 생각의 차이에 관한 논의를 촉진시키는 역할을 한다. 의료사회학자가 생물통계학자와 함께 연구하거나 인류학자가 측정 전문가와 한 팀으로 일하는 모습을 볼 수 있다. 글로벌한 연구 환경의 경우, 한 팀 내 참가자들은 더욱 다양해질 수 있다. 각 팀원마다 지역적 · 문화적 규범이 달라 연구 시에 갈등을 빚을 수도 있다.

그리고 팀원 간의 상호작용 방식에 대한 질문도 있다. 학술팀이 특정 문제에 대해 연구할 때, 팀원은 자신이 전공한 학문분야의 관점(자신의 분야를 토대로 토론) 혹은 간학제적 관점(여러 학문분야들 간 자유로운 토론)에서 토론할 수 있다(O'Cathain, Murphy, & Nicholl, 2008a). 개인이 학문적 경계를 어느 정도로 넘어가느냐에 따라, 혹은 팀원으로 연구하며 자신의 분야의 관점을 얼마나 지키는지에 따라 이런 방법론적 차이들은 더 두드러지거나 약화될 수 있다. 〈표 3-1〉을 보면 오카테인 등(O'Cathain et al., 2008a, p. 1579)이 제안한 혼합연구팀 구성 방식의 몇 가지 예가 나온다.

현재까지 나온 여러 논문에 따르면, 혼합연구팀이 연구 지원을 받고, 다양한 전문성을 가진 팀원이 있으며, 다학문적 혹은 간학문적 상호작용이 이루어지고, 다양한 방법론적 경향에 대해 존중하며, 각 전문분야와 방법론적 신조를 이어 주는 좋은 리더가 있을 때 혼합연구가 성공적으로 이루어짐이 밝혀졌다. 이런 리더는 팀 구성에 신경 쓰고, 다양한 방법론을 동등하게 대하며, 논의를 돕고, 팀원의 결정을 존중하고, 참여를 독려한다(Brannen & Moss, 2012). 또한 이런 리더는 공통된 비전을 구축하며, 협력 관계를 강화시켜 간다. 더욱이, 혼합연구 프로젝트의 팀 리더는 양적, 질적 및 혼합 연구의 경험을 가지고 있다.

〈표 3-1〉 혼합연구팀 구성 방식

A팀	주요 연구자(의학전문가)-양적 요소 담당, 사회과학자-질적 요소 담당 및 양적 요소의 일부 담당, 통계학자, 프로젝트 연구자
B팀	주요 연구자(사회과학자)-질적 및 양적 요소 담당, 임상의, 심리학자, 통계학자, 두 명의 프로젝트 연구자
C팀	주요 연구자(임상의)-질적 및 양적 요소 담당, 두 명의 프로젝트 연구자

출처: O'Cathain, Murphy, & Nicholl(2008a, p. 1579). SAGE 출판사의 허락하에 게재됨.

❖ 연구에 필요한 기술

혼합연구를 하는 연구자들은 연구 설계 과정 내의 활동들의 흐름에 대해 이해하고 있어야 한다. 양적연구든 질적연구든 혼합연구든, 이 과정은 모두 해당된다. 이 과정의 구체적 순서는 다음과 같다.

① 다루어야 할 연구 문제나 사안을 파악한다.

② 연구의 필요성을 확립하기 위해 문제에 대해 다룬 문헌을 검토한다. 해당 문헌이 토대로 삼은 이론적 경향 내에서 연구를 진행할 수 있다.

③ 달성해야 할 연구 목적 및 주요 목표들을 설정한다. 그리고 이 목적이나 목표를 연구 중에 달성할 수 있도록, 구체적인 연구 문제들(혹은 가설들)로 세분화한다.

④ 연구 설계 혹은 연구 수행 절차들에 대한 계획안을 세운다.

⑤ 견고한 절차들을 사용해서 정보를 얻는 식으로, 연구 문제에

답을 줄 데이터를 수집한다.

⑥ 연구 문제들이 어떻게 해결될 수 있는지 평가하기 위해 수집된 데이터를 분석한다.

⑦ 기존 문헌과 이론을 감안해서 결과를 해석한다.

⑧ 연구를 다양한 청중에게 공표한다.

⑨ 연구의 모든 단계, 특히 데이터 수집부터 결과의 공표까지 윤리적 사안을 염두에 둔다.

필자는 이 과정을 토대로 연구방법에 대한 책을 써 왔다. 이 과정은 양적 및 질적 연구 모두에 해당되며, 두 접근법 간 차이는 앞서 언급된 일반 과정 구조에서는 찾기 어려우나, 과정의 각 부분이 실제 연구에서 전개되는 방식 속에서 드러난다.

❖ 양적연구에 필요한 기술

다음으로, 이 과정이 처음에는 양적연구, 그 다음 질적연구에서 어떻게 전개되는지를 검토할 필요가 있다. 양적연구에서 연구자가 하는 일은 다음과 같다.

- 연구 문제와 가설 설정에 토대가 되는 이론을 파악한다.
- 변수나 구성체constructs(역자 주: 추상성이 높은 개념을 구체적으로 변수 수준으로 낮추어서 측정 가능하게 해 준 것)를 토대로 연

구 문제와 가설을 설정한 후, 이를 변수들의 관계 규명을 위해 독립 변수, 공변인covariate, 매개 변수, 종속 변수 측면에서 배열한다.

- 공인된 설계[예: 실험(그리고 유사 실험), 설문조사, 단일 피험자 설계, 상관 연구]에 기반을 두어서 연구 절차에 대한 연구 설계를 선택한다(Creswell, 2012 참고). 그런 설계는 보건학에서 자주 사용될 수 있으며, 예를 들어 관찰 연구나 설명적 연구(예: 기술적 혹은 의료사례 연구, 코호트 연구, 사례-통제 연구, 후향적 코호트 연구, 횡단적 연구) 혹은 중재가 연구 피험자에 끼치는 영향을 평가한 실험적 설계(예: 메타분석, 무작위 통제 실험, 체계적 문헌 고찰, 자기통제가 있는 실험, 교차 연구, 비무작위 실험)가 있다.
- 폐쇄형 척도들(예: 도구 혹은 행동 체크리스트)로부터 혹은 기존 보고서와 문서(예: 학교 출석 보고서, 환자 병력)로부터 숫자 데이터를 수집한다.
- 결과를 보고하는 표나 그래프를 만드는 절차(예: 기술적 분석, 추론적 분석, 효과 크기, 신뢰구간)를 활용해 숫자 데이터를 통계적으로 분석한다. 통계 소프트웨어 프로그램은 데이터 분석에 유용하다.
- 서론, 개요, 방법에 대한 기술, 결과에 대한 기술 및 논의로 구성된 일관적이고 표준화된 형식을 사용해 연구를 보고한다.
- 일반화, 편향, 타당도, 신뢰도, 반복가능성 같은 주제를 포함시켜서 보고서의 질을 높인다.

물론 이는 양적연구의 일반적 단계들이며 더 구체적인 지침이 있다. 예를 들면, 실험적 중재 실험은 『내과학 회보(Annals of Internal Medicine)』의 CONSORT 2010을 따를 수 있다(Schulz, Altman, & Moher, 2010). 이 외에 필자는 양적연구 프로젝트가 제대로 진행되었는지를 검토하는 데 유용한 체크리스트를 만들었다. 이는 〈표 3-2〉에 나온다(혼합연구는 연구의 방법에 초점을 둔다는 것을 기억해야 한다).

〈표 3-2〉 견고한 양적연구를 위한 체크리스트

▣ 일반적 항목

_____ 해당 연구 문제를 연구하는 데 왜 양적연구가 적합한지 그 근거를 제공했는가(예: 결과에 영향을 주는 요소들에 대한 관심, 집단들 간의 비교, 이론 검정)?

_____ 사용될 양적연구 설계 유형이 기술되었는가(예: 실험적 · 준실험적 · 단일피험자 · 상관적 · 설문조사식 설계)?

_____ 해당 설계가 연구 문제를 다루는 데 왜 적합한지 설명했는가?

_____ 설계 사용과 관련하여 특정한 타당도 위협요소들을 진술했는가?

▣ 양적 데이터 수집

_____ 연구 장소를 제시했는가?

_____ 연구가 승인되었음을 제시했는가(임상연구 심사위원회의 허가 여부)?

_____ 연구대상의 모집 방법이 제시했는가?

_____ 연구대상의 수를 제시했는가?

_____ 수집되어야 할 다양한 유형의 데이터(예: 도구적 데이터, 관찰 데이터, 공적인 숫자 데이터)를 제시했는가?

_____ 각 데이터 유형에 대한 추가적 정보가 제시했는가[예: 사용된 도구들에 대한 신뢰도와 타당도 점수, 관찰 데이터에 적용되는 신뢰도 (상승) 전략들, 공적 정보의 신뢰도, 표준 절차의 사용, 데이터 수집가를 위한 훈련]?

▣ 양적 데이터 분석

____양적 데이터베이스를 편집하기 위해 데이터 입력 절차를 언급했는가?
____데이터베이스 정리에 사용될 절차를 검토했는가?
____사용될 양적 소프트웨어 데이터 분석 프로그램을 제시했는가?
____응답 통계치(예: 회수율, 응답 편향) 점검에 쓰일 분석 유형을 제시했는가?
____기술적인 연구 문제/가설을 다루는 데 필요한 기술적 분석의 유형들을 제시했는가?
____관계와 비교 관련 문제/가설을 다루는 데 필요한 추론적 분석의 유형들을 제시했는가?
____효과 크기와 신뢰구간을 점검하는 데 사용될 절차를 제시했는가?
____통계 결과를 알리는데 사용할 표의 유형들을 논의했는가?

이 체크리스트는 혼합연구 프로젝트에서 견고한 양적연구가 시행되도록 돕는 지침이다. 이는 데이터 수집과 분석의 요소에 중점을 두며, 일반적으로 사용되는 절차를 설명한 양적 방법에 관한 텍스트를 보충해 주고 있다.

❖ 질적연구에 필요한 기술

질적연구도 위에 제시된 과정들을 거치지만, 연구의 여러 부분들에서 질적연구 절차는 양적연구 절차와는 다르다. 필자는 이 논의를 양적연구를 설명하는 데 사용된 주제와 연계 지을 것인데, 이로써 두 유형의 연구를 쉽게 비교할 수 있을 것이다. 질적연구는 다음과 같이 이루어진다.

- 탐구자는 연구 문제의 토대가 되는 이론부터 다루기 시작하지만, 이 이론은 고정되었다기보다는 연구 중에 수정된다. 중요한 것은 연구자가 연구 대상으로부터 알아낸 것을 토대로 연구가 진행되고 변화를 겪는다는 것이다.
- 연구대상으로부터 무언가를 알아내려면, 연구자는 일반적인 개방형 질문을 물으면서, 연구대상이 제약을 느끼지 않고 정보를 제공할 수 있게 해야 한다. 변수나 구성체를 사용하면 연구에 한계가 생길 수 있기에, 독립 변수, 종속 변수, 매개 변수 및 다른 변수들은 질적연구에서 직접적으로 언급되면 안 된다. 대신, 탐구자는 중심 현상central phenomenon이라는 핵심 주제를 파악한 후, 개방형 질문들을 연구대상에게 물어보면서 주제를 탐구해야 한다. 예를 들면, 중심 현상이 '침묵 지키기remaining silent'라면, 연구자는 이 용어가 비즈니스계에 있는 이들에게 무슨 의미인지 탐구해 볼 수 있다.
- 질적연구에서 사용되는 설계 유형들은 양적연구에서 사용된 설계와는 다르다. 질적 설계는 실험적 경향에서 발생된 것이기보다는, 사회과학, 심리학, 인문학 분야에서 유래한다. 이런 설계는 실험 혹은 설문조사라고 불리지 않지만, 명칭을 통해 연구가 어떻게 진행되는지를 알 수 있다. 예를 들면, 담화적인 질적 설계를 통해, 개인의 인생 이야기에 대해 알게 된다. 현상학적인 질적 설계에서는, 사람들이 동일한 구성체(이를 테면 외로움)를 어떻게 다르게 경험하는지를 탐구한다. 근거 이론에서는 다양한 장소의 다양한 표본에서 구축된 규격화된 이론이 아닌 참

가자들의 의견을 토대로 한 이론이 생성된다. 사례 연구와 같은 질적연구는, 사람들이 특정 사안을 어떻게 다루는지를 알아내기 위해 단일 혹은 다수의 사례를 탐구한다. 민족지학적인 질적연구에서는, 같은 문화를 공유한 집단이 말과 행동 패턴 및 행동의 토대가 되는 규칙을 어떻게 만들어 내는지를 알아본다(Creswell, 2013 참고). 이런 다섯 가지 설계가 전부는 아니지만, 질적연구에서 사용되는 대표적인 설계 방법이다.

- 질적연구자는 수리적 정보보다는 텍스트(예: 전사 가능한 음성 녹음본)나 이미지(예: 카메라로 찍은 사진)를 수집한다. 사실, 질적연구의 특징은 수집된 데이터의 목록이 광범위하다는 것이다. 특히 디지털 시대인 요즘은 텍스트 메시지와 웹사이트도 이런 데이터에 속한다고 볼 수 있다. 어떤 종류의 데이터가 수집되건, 척도나 체크리스트는 시행되지 않는다. 대신, 참가자에게 그들이 털어놓아야 할 정보에 대해 공개적으로 물은 후, 해당 정보를 기록한다.
- 그 다음으로 분석 시에는 텍스트와 이미지를 하나씩 검토해서 처음에는 코드별로, 다음에는 코드를 주제별로 묶어서 종합 데이터 단위를 만든다. 사람들이 간 이식liver transplant 대기에 적응하는 과정처럼 때로 주제는 상호 연관되어 사건의 연대기가 만들어지기도 한다(Brown, Sorrell, McClaren, & Creswell, 2006 참고). MAXQDA(Verbi GmbH, 2013)와 같은 질적 소프트웨어 프로그램들은 연구자가 연구 대상이 한 유용한 말들을 조직, 분류, 캡처하는 데 사용한다.

- 질적연구에서 사용되는 설계는 매우 다양하므로, 보고 형식은 질적연구마다 상당히 다르다. 최종 보고 형식은 담화적 설계에서처럼 이야기를 하는 것부터 근거 이론에서처럼 과학적 접근법까지 다양하다.
- 질적연구자는 참가자의 견해를 통합하고, 주제나 중심 현상을 연구하는 데 관여된 요인들에 관한 복합적 분석을 제시하며, 최종 보고서에 연구대상의 견해가 정확히 반영되도록 하고(타당도), 코드나 주제에 대한 충분한 증거를 제시함으로써 질 높은 보고서를 만들어 낸다. 이 외에도 특정 설계(민족지학이나 현상학)를 사용하는 경우에도 나름의 구체적 기준이 있다.

일반적으로 질적연구자는 좋은 질적 방법이 갖추어야 할 특징에 대한 기준이나 체크리스트를 만들기를 주저하는데, 이유는 그것이 발현적이고 창의적인 연구를 제한할 수 있기 때문이다. 그러나 필자는 모든 연구자는 질적 탐구자가 연구 시에 특정 절차를 염두에 두고 있다는 사실을 알아야 한다고 생각한다. 다음에 질적연구방법을 검토하는 데 유용한 체크리스트가 제시되어 있다. 양적연구 체크리스트처럼, 필자의 질적연구 체크리스트에도 설계 요소 및 데이터 수집과 분석 방법들이 들어 있다(〈표 3-3〉 참고).

〈표 3-3〉 완전한 질적연구를 위한 체크리스트

▣ 일반적 항목

_____왜 질적연구가 해당 연구 문제에 가장 적합한지에 대한 근거를 제공했는가(예: 연구대상 견해들의 필요성, 맥락, 복합적 이해의 필요성, 알려진 변수들이 없음, 음성 녹음본)?
_____사용될 질적연구 설계 유형을 기술했는가(예: 담화적 연구, 현상학, 근거 이론, 민족지학, 사례 연구)?
_____왜 해당 설계가 해당 문제를 다루는 데 적합한지를 설명했는가?

▣ 질적 데이터 수집

_____연구 장소를 논의했는가?
_____연구가 승인되었음을 제시했는가(임상연구 심사위원회의 허가 여부)?
_____연구 참가자들의 모집 방법을 제시했는가?
_____참가자들의 수를 제시했는가?
_____사용될 목적적 표본추출 방법을 논의했는가(선정 기준)?
_____연구대상의 인구학적(demographics) 측면들을 언급했는가?
_____연구대상은 연구에서 어떤 유익을 얻는지 언급했는가(호혜성)?
_____수집될 데이터 유형을 나타냈는가(데이터 수집을 표로 작성)?
_____데이터 수집 범위를 제시했는가?
_____데이터 기록에 사용되는 규약들(인터뷰, 관찰, 기록)을 언급했는가?
_____(인터뷰를 하는 경우) 물어볼 연구 질문들을 언급했는가?

▣ 질적 데이터 분석

_____데이터 준비에 대해 논의했는가(전사)?
_____일반적인 데이터 분석 절차를 언급했는가(데이터 읽기 및 메모 작성, 데이터 코드화, 주제 설정, 주제들 상호 연계 짓기)?
_____선택한 연구 방식(예: 근거 이론, 오픈 코딩, 축 코딩 및 선택 코딩 사용)에 내포된 구체적 절차를 언급했는가?
_____데이터 분석에 유용한 질적 데이터 분석 소프트웨어(예: MAXQDA) 사용에 대해 논의했는가?

____연구에 참여한 다수의 코더들에 대해(코더 간 일치도), 그리고 해당 일치도로 이 과정이 어떻게 달성되었는지에 대해 논의했는가?
____타당도 전략들을 논의했는가(예: 연구대상자 검정, 삼각 검정, 부정적인 사례 분석, 동료 검사, 외부 감사, 분야에 대한 몰입)?
____성찰에 대해 논의했는가(연구자의 경험과 역할이 결과 해석에 어떤 영향을 줄 것인가)?

질적 방법 부분을 작성하기 위한 이런 구체적 제안들 외에도, 질적연구는 사회과학 및 행동과학에서 받아들여지고 있으며, 보건학에서도 점차 널리 사용되고 있음에 주목해야 한다. 보건학에서는 의료 제공자-환자 상호작용 및 의료 절차와 관련해서 환자가 내린 선택을 다룬다. 또한 맞춤화된 약에 대한 관심 증가, 필요한 의료 서비스를 평가하기 위해 생물학적 관점에 인적 요소를 포함시키는 것, 다양한 환자 집단에 다가가는 것, 그리고 조직적 환경으로서 병원과 클리닉을 연구하는 것 등도 다룬다.

❖ 권고사항

필자는 혼합연구를 하는 연구자가 양적, 질적 및 혼합 연구에 능숙해지기를 바란다. 혼합연구팀이 이 기술을 갖추면 혼합연구 프로젝트가 더욱 잘 진행될 것이다. 팀이 협력할 때 바람직한 상호작용이 이루어지며, 이때 다양한 기술을 갖춘 리더의 지도하에서, 팀원마다 자신이 전문으로 하는 다양한 방법론적 경향을 공유해야 한다. 혼합연구 프로젝트를 혼자서 하든 팀으로 하든, 연구 과정의 기본 원리를 알아야 한다. 질적 및 양적 연구의 핵심 요소를 습득해야 하며, 각 연구 유형에 따른 데이터 수집 및 분석 방법에 대한 부분도 자세히 써야 한다. 이런 식으로, 견고한 혼합연구방법에 관한 부분에는 견고한 양적 및 질적 방법에 대한 내용이 들어 있어야 한다.

추가 읽을거리

Brown, J., Sorrell, J. H., McClaren, J., & Creswell, J. W. (2006). Waiting for a liver transplant. *Qualitative Health Research, 16*, 119-136. doi: 10.1177/1049732305284011

Creswell, J. W. (2013). *Qualitative inquiry and research design: Choosing among five approaches* (3rd ed.). Thousand Oaks, CA: SAGE.

O'Cathain, A., Murphy, E., & Nicholl, J. (2008a). Multidisciplinary, interdisciplinary, or dysfunctional? Team working in mixed-methods research. *Qualitative Health Research, 18*, 1574-1585.

Shadish, W. R., Cook, T. D., & Campbell, D. T. (2002). *Experimental and quasi-experimental designs for generalized causal inference.* Boston, MA: Houghton Mifflin.

VERBI GmbH. (2013). MAXQDA [Computer software]. Retrieved from www.maxqda.com/

제4장

기초 및 고급 혼합연구 설계

이 장의 주제

- 세 가지의 기초 설계와 세 가지의 고급 설계
- 이 여섯 가지의 설계 각각에 대해 설계의 의도, 설계의 절차, 설계의 다이어그램, 이들 설계를 사용하는 것에 따른 장점 및 어려움
- 연구 설계를 선택하는 데 유용한 여러 기준

❖ 예비 고려사항

여러분의 설계를 확인하기 전에 혼합연구 분야에서 연구 설계의 일반적인 상태를 점검하는 것이 도움이 될 것이다. 여러분이 선택할 수 있는 연구 설계의 유형은 많으며, 지난 수년간 연구 설계의 유형이 증가했다. 일반적으로 말해서, 혼합연구 연구자들은 이름과 절차에서 너무 복잡한 설계를 개발하고 있다고 필자는 생각한다. 단순한 설계로 출발하고 그것을 사용하여 여러분이 달성하게 될 것을 이

해하는 것이 항상 도움이 된다. 또 하나 유념해야 할 점은 처음 개념화가 이루어진 후 설계가 변할지도 모른다는 것을 인식하는 것이다. 재정지원을 제공하는 기관들로 인해, 또는 자원 혹은 스태프의 요구사항 또는 어떤 연구에서의 참가자의 유동적인 우선순위로 인해 해당 설계가 변경될 수밖에 없는 경우도 생길 것이다. 설계는 단단히 고정된 것이 아니라 연구에서 시시각각 변화가 생기는 것으로 보는 것이 최선이다. 마지막으로 유념해야 할 점은, 기초 설계로 출발하고, 그것을 사용하는 이유를 확인하며, 그 설계의 그림(혹은 다이어그램)을 그리는 것이 중요하다. 필자는 이 장에서 두 가지 일반적인 설계 범주, 즉 기초 설계와 고급 설계를 논할 것이다.

❖ 기초설계

기초 설계는 모든 혼합연구의 기저를 이루는 핵심 설계다. 그것은 수렴적 설계, 설명적 순차 설계, 그리고 탐색적 순차 설계 이렇게 세 가지 유형으로 구분된다. 1장과 2장에서 필자는 이 세 가지 설계를 소개했다. 발표된 혼합연구 중 많은 논문이 이 세 가지 설계 중 하나를 사용한다. 필자는 발표된 혼합연구를 볼 때 저자에 의해 사용되고 있는 기본적인 기초 설계를 먼저 찾아보아야 한다고 생각한다. 해당 저자는 아마도 이 설계를 단순하고 직설적인 방식으로 전달하지 않을지도 모르지만, 그럼에도 불구하고 기초 설계는 발표 논문에 존재하며 혼합연구의 중심에 있다. 사실, 사용되고 있는 설계가 무엇이든지, 그것은 혼합연구 전체의 틀이 된다. 여러분의 설계를 알면, 여러분은 프로젝트를 위한 제목의 초안을 작성할 수 있고, 혼합연구의 연구 문제를 제기하며, 데이터와 분석을 조직하고, 혼합연구의 해석과 작성을 촉진할 수 있다.

기초 혼합연구 설계

- 수렴적 설계(Convergent design)
- 설명적 순차 설계(Explanatory sequential design)
- 탐색적 순차 설계(Exploratory sequential design)

수렴적 설계

수렴적 설계의 의도는 양적 데이터와 질적 데이터의 분석 결과를 통합하는 것이다. 그런 다음 이 같은 통합은 해당 문제의 양적 이해와 질적 이해 모두를 제공하며, 데이터의 이 두 가지 형식 모두가 서로 다른 통찰을 제공하기 때문에 양적 및 질적 데이터의 결합은 해당 연구 문제를 다양한 각도와 다양한 관점에서 보는 것에 도움을 준다. 요컨대, 양적 결과는 종종 필요한 일반적인 추세와 관계를 제시하는 반면, 질적 결과는 개인들의 관점을 상세하게 제공해 준다. 이 두 가지 모두는 유용한 결과이며 이들의 결합은 더 많은 데이터를 이끌어 낼 뿐만 아니라 각각의 데이터베이스를 단독으로 제공했을 때보다 더 완전한 이해를 제공한다. 이것이 수렴적 설계 뒤에 숨겨진 논리다. 그러므로 이 설계를 사용한 결과로서, 혼합연구 연구자는 다양한 관점을 발전시킬 수 있거나 혹은 하나의 데이터베이스를 나머지 다른 데이터베이스와 비교 검정할 수 있다.

수렴적 설계는 양적 및 질적 데이터에 대한 별도의 수집 및 분석을 수반한다. 이 설계의 의도는 양적 및 질적 데이터 분석의 결과를 통합하는 것이다.

수렴적 설계를 사용하기 위한 절차는 간단하다.

① 양적 데이터와 질적 데이터를 별도로 수집하고 분석하는 것으로부터 시작한다.

② 양적 및 질적 데이터베이스를 통합하거나 합친다. 통합은 여러 가지 방법으로 행해질 수 있다. 결과들이 수집된 후 양적 및 질적 데이터베이스로부터 도출된 해석 혹은 추론은 나란히 정렬될 수 있는 논의 부분에서 취합될 수 있다. 예를 들어, 양적 결과가 먼저 보고된 후, 질적 결과가 이어질 수 있다. 그런 다음, 양적 및 질적 데이터베이스로부터 나오는 결과를 연달아 제시하고 비교함으로써 후속 논의가 이루어진다(대비적 관찰이라 불림). 또 다른 접근법은 데이터 변환으로서 비교를 위해 데이터베이스 중 하나를 다른 형식으로 변환하는 것이다. 예를 들어, 질적 분석에서 도출된 데이터에 다양한 주제가 나타나는 횟수를 셀 수 있고, 이 수치들은 양적 데이터베이스에 입력되는 새로운 변수를 제시할 수 있다. 세 번째 방법은 표나 그래프로 질적

결과에 대비하여 양적 결과를 정렬시키는 공동 전시Joint displays를 개발하는 것이다. 7장은 이러한 공동 전시를 만들고 사용하는 것에 관해 더 상세히 다룰 것이다.

③ 결과들이 통합된 후, 양적 결과가 질적 결과에 의해 어느 정도까지 확인되는지 조사한다(혹은 역으로도 해 본다). 만일 확인이 안 되고 차이가 난다면, 이 차이가 왜 발생하는지 설명해 본다(예: 유효한 양적 측정의 부족, 데이터 비교를 촉진하기 위한 유사 질문의 부족 등).

수렴적 설계는 현장에 있는 동안 데이터의 양쪽 형식 모두를 수집할 필요가 있는 연구자에게 유용하다. 양쪽 형식 모두가 합쳐지기 때문에 그것은 직관적으로 이해할 수 있고, 연구 문제를 여러 각도로 다양하게 파악하게 해 준다. 그러나 실행하는 것은 어렵다. 한 가지 어려운 점은 연구자들이 데이터를 통합하고 싶을 때 양적 및 질적 측면 모두에서 동일한 측정 혹은 평가와 함께 시작해야 할 필요가 있다는 것이다. 비록 이 같은 평행의 구성이 본질적이지만, 종종 간과된다. 또 다른 어려운 점은 연구자들이 이 두 가지 데이터베이스를 통합하는 법을 알 필요가 있다는 것이다. 연구자는 공동 전시를 생성하거나 대비적 관찰을 위한 절차에 익숙해질 필요가 있다. 두 개의 데이터베이스—하나는 수적인 데이터베이스, 하나는 텍스트 데이터베이스—를 통합하는 방법은 많은 연구자에게 직관적으로 명확하지 않다.

[그림 4-1]은 수렴적 설계에 대한 단순한 다이어그램을 보여 준다.

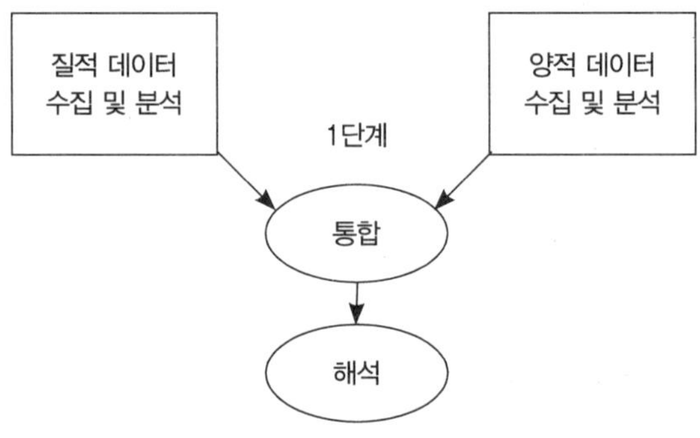

[그림 4-1] 수렴적 설계

이 그림은 연구자가 자신의 설계 절차에 대한 다이어그램을 그릴 때 시작해야 하는 출발점에 해당하는데, 필자는 이 설계를 단일 단계 설계single-phase design라 부른다. 왜냐하면 데이터의 두 가지 형식 모두가 동시에 수집되기 때문이다.

설명적 순차 설계

설명적 순차 설계의 의도는 데이터를 수집하고 분석하기 위해 양적 가닥(어떤 연구의 양적 요소와 질적 요소 중 어느 하나를 가리키는 가닥)으로 어떤 문제를 연구하기 시작하고, 다음으로 질적 연구를 진행하여 양적 결과를 설명하는 것이다.

양적 결과는 통계학적 유의성, 신뢰구간, 효과 크기를 생성하고 어떤 연구의 일반적인 결과를 제시한다. 그러나 우리가 그러한 결과를 얻을 때, 우리는 종종 그 결과가 어떻게 발생했는지 알지 못한다.

그러므로 우리는 양적연구 결과를 설명하는 데 도움을 얻고자, 이어서 질적연구 단계를 도입한다. 따라서 이 설계는 설명적 순차 설계라 부른다.

> **설명적 순차 설계**의 의도는 양적 가닥으로 시작한 다음 두 번째 질적 가닥을 수행하여 양적 결과를 설명하는 것이다.

이 설계를 시행하기 위해 다음의 절차를 따른다.

① 1단계에 양적 데이터를 수집 및 분석한다.
② 2단계에서는 어느 결과가 추가적인 탐구를 필요로 하는지 그리고 이 질적 단계에서 연구대상에게 던질 질문이 무엇인지를 결정하기 위해 양적 분석의 결과를 조사한다.
③ 양적 결과를 설명하는 데 도움이 되도록 2단계에서 질적 데이터 수집 및 분석을 시행한다.
④ 질적 결과가 양적 결과를 설명하는 데 어떤 식으로 도움이 되는지에 관한 추론을 도출한다.

이 설계의 강점은 두 가지 단계가 상호 간에 기반을 두고 있기 때문에 설계를 수행하는 뚜렷하고도 쉽게 인식되는 단계가 존재한다는 것이다. 이것 때문에 이 설계는 혼합연구 초보 연구자와 대학원생에게 인기가 높다. 또한 이것은 양적 배경을 지닌 연구자에게 인기가 있는데, 그 연구가 양적 단계로 시작되기 때문이다. 그러나 이

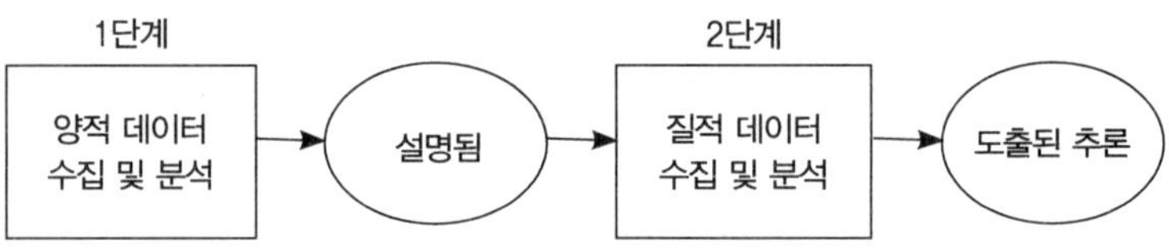

[그림 4-2] 설명적 순차 설계

것은 실행하기가 어렵다. 왜냐하면 두 가지 독특한 단계를 순차적으로 시행하는 것은 시간이 걸리기 때문이다. 또 다른 어려운 점은 어느 양적 결과가 추가적인 설명을 필요로 하는지를 결정하는 일이다. 연구자를 위한 선택으로는 특정 인구통계학적demographic 특성을 지닌 연구대상을 추적하고 주요 변수(혹은 놀랍게도 유의미하지 않은 것으로 판명된 변수)를 설명하기 위해 조사를 확대하며 양적 결과와 상이한 사례를 면밀하게 관찰하는 것이 포함된다.

[그림 4-2]는 2단계 설명적 순차 설계에서의 절차에 대한 단순한 다이어그램을 제시하고 있다.

탐색적 순차 설계

탐색적 순차 설계의 의도는 질적 데이터의 수집과 분석을 통해 먼저 연구 문제를 탐구함으로써 해당 문제를 연구하는 것이다. 이 1단계를 마치면, 2단계는 양적 결과를 취하고, 실험을 위해 그것들을 측정하거나 새로운 도구 혹은 중재intervention를 통해 개발하는 것을 수반한다. 이 양적인 2단계를 마치면 측정을 분석하고, 새로운 도구를 검정하거나 실험에서의 새로운 중재와 그것의 활동을 사용하는 3단계가 시작된다. 알다시피, 세 번째 양적 단계 동안 몇 가지 가능성이 존재한다.

탐색적 순차 설계의 의도는 질적 데이터 수집 및 분석을 통해 어떤 문제를 먼저 탐구하고 도구 혹은 중재를 개발하며 세 번째 양적 단계로 후속 절차에 돌입하는 것이다.

이 설계를 시행하기 위해 다음의 절차를 따른다.

① 질적 데이터를 수집 및 분석한다.

② 질적 분석을 통해 얻은 결과(예: 주제)를 조사하고 이 정보를 사용하여 새로운 측정, 새로운 도구, 혹은 새로운 중재 활동 등과 같은 양적 구성요소를 설계한다. 새로운 양적 구성요소는 참가자의 실제 경험에 근거를 두기 때문에 이미 가용한 것(예: 기존의 도구)에 기반을 두어 개선된다는 것이 그 개념이다.

③ 새로운 양적 구성요소를 사용하고 그것을 검정한다. 이것은 새로운 측정이 기존의 양적 데이터베이스 안으로 입력될 것임을 의미한다. 이것은 새로운 도구가 점수의 타당도와 신뢰도에 대해 검정된다는 것을 의미할지도 모른다. 또한 이것은 새로운 요소가 실험적인 시도 안에 놓이고 중재의 일부로(혹은 새로운 사전 및 사후 측정으로) 사용된다는 것을 의미할 수도 있다.

④ 마지막 단계는 그 새로운 구성요소(예: 측정, 도구, 혹은 활동)가 어떻게 기존의 변수들을 기반으로 보다 개선되고 새롭고 맥락화된 더 좋은 도구를 제공하는지 혹은 도움이 되는 활동을 중재에 보태어 중재의 실행 가능성을 향상시키는지를 보고하는 것이다. 또한 질적 데이터가 1단계에서의 작은 표본으로부터 도출되기 때문에, 새로운 양적 구성요소에 대한 검정은 처음의 양적 결과가 세 번째 양적 단계에서의 큰 표본으로 일반화될 수 있는지에 대한 통찰을 제공할 수 있다.

여러분이 알 수 있듯이, 이 설계에는 세 가지 주요 단계가 있는데 그것은 질적인 1단계, 양적인 2단계 그리고 양적인 3단계다. 필자는 이것을 3단계 설계three-phase design라 부른다. 세 가지 단계로 되어 있기 때문에 이것은 또한 세 가지 기초 설계 중에서 가장 어려운 설계가 된다. 설명적 순차 설계와 마찬가지로, 이 설계는 시간이 걸린다. 그러나 이 단계는 다른 기초 설계보다 시간적으로 훨씬 더 연장된다. 또한 질적 결과를 취해서 그것을 새로운 변수, 새로운 도구, 혹은 새로운 중재 활동 집합으로 변환시키는 것에 따른 어려움 때문에 이 설계는 실행하기 힘들다.

이러한 과정을 촉진하기 위해 질적 결과로부터 무엇을 취할 수 있는가? 질적 결과는 연구대상으로부터 나오는 특정한 인용, 인용의 집합으로서의 코드, 그리고 코드의 집합으로서의 주제를 산출한다. 새로운 측정이 설계에서 개발될 때, 주제는 측정 혹은 변수로 변환될 수 있다. 어떤 새로운 도구가 필요할 때 그 인용은 항목이 되고,

코드는 변수가 되고, 주제는 척도가 될 수 있다. 새로운 중재 활동이 질적 단계의 결과물이 될 때, 이 활동의 방향은 코드와 주제 이 두 가지 모두에 의해 정해질 수 있다. 질적 결과에 기반을 두어 새로운 도구를 개발하거나 기존의 것을 수정할 때, 이 설계에 있어 추가적인 어려움은 강한 심리측정적 속성을 지닌 좋은 도구를 개발하는 것이다. 좋은 척도 개발과 도구 구성을 위한 자료(예: DeVellis, 2012)는 많다. 필자 또한 단계들의 목록을 개발했다.

① 문헌을 검토하고 전문가 패널의 조언을 구한다.
② 가능한 항목들items로 무엇이 있는지 확인한다.
③ 탐구적 요인분석을 사용하여 작은 표본으로 항목들을 사전 검정한다.
④ 척도들에 대해 신뢰도 분석을 시행한다.
⑤ 큰 표본을 대상으로 설문조사를 시행한다.
⑥ 결과들에 대해 확정적 요인분석confirmatory factor analysis을 시행한다.
⑦ 잠재 변수를 확인하기 위해 구조방정식 모델을 사용한다.
⑧ 구성 타당도를 뒷받침해 주는 증거를 찾는다.

긍정적인 측면에서 본다면, 이 설계는 견고함으로 인해 정교한 혼합연구 설계가 된다. 더욱이, 1단계가 탐색적이기 때문에 이 설계는 저개발국가에서의 혼합연구(그리고 세계 보건에 대한 연구)에서 유용하다. 서구의 연구계로부터 도출된 측정이 그곳에서는 적용 가능성이 희박하고 연구자는 어떤 측정이 그와 같은 환경에서 효과가 있는

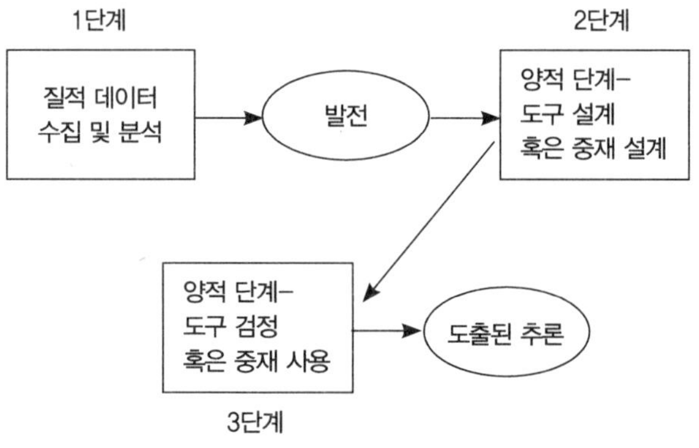

[그림 4-3] 탐색적 순차 설계

지를 먼저 탐구해야 하기 때문이다. 또한 질적연구에 적응되어 익숙한 연구자는 이 설계를 좋아한다. 질적 단계로 시작되기 때문이다. 탐색적 순차 설계에 대한 다이어그램이 [그림 4-3]에 제시되어 있다. 여러분이 알 수 있듯이, 이 설계에는 연결된 세 가지 단계가 있다.

❖ 고급 설계

필자가 말한 바와 같이, 혼합연구 설계에 대해 생각하기 시작할 출발점은 여러분의 프로젝트에서 기초 설계를 확인하는 것이다. 그런 다음 여러분은 이 기초 설계로부터 다른 설계—혹은 필자가 명명하는 고급 설계—로 발전시킨다. 고급 설계에서는 무엇인가가 기초 설계에 추가된다. 필자는 이 장에서 혼합연구 문헌에서 보편적인

3개의 추가적인 항목(중재 설계, 사회 정의 설계, 다단계 평가 설계)을 예시할 것이다. 이 고급 설계들 각각 안에서, 우리는 기초 설계를 발견할 수 있다.

고급 혼합연구 설계의 종류

- 중재 설계(Intervention design)
- 사회 정의 설계(Social justice design)
- 다단계 평가 설계(Multistage evaluation design)

중재 설계

중재 설계의 의도는 실험 혹은 중재 시도를 시행하고 질적 데이터를 그 안에 추가함으로써, 어떤 한 문제를 연구하는 것이다.

실험 혹은 중재는 복수의 집단(예: 통제집단 및 실험집단)을 확인하고, 실험집단을 대상으로 처치를 검정하고, 그 처치가 결과에 영향을 끼치는지를 결정하는 것으로 구성된다. 처치를 받지 않는 통제집단은 결과의 측면에서 변동이 없어야 한다. 실험적 중재가 진행되는 사전 및 사후 검정 모델 안에서, 우리는 질적 데이터를 확인할 수 있다. 이 같은 질적 데이터는 많은 목적을 위해 사용될 수 있고, 혼합연구 연구자는 실험이 시작되기 전에, 실험이 진행되는 동안에, 혹은 실험이 끝난 후에 이 데이터를 실험에 추가하는 것에 대해 고려한다(물론 이 데이터는 자원과 실험의 목적에 따라서는 이 세 가지 모두의 경우에 추가될 수도 있다). 예를 들어, 이 데이터는 인터뷰를 시행함으로써 실험의 연구대상을 모집하기 위한 실험 전에, 혹은 실험에 참가한 연구대상에게 영향을 미칠 가능성이 있는 중재 절차를 설계하는 데 도움을 받기 위해 실험에 추가될 수 있다. 이 경우, 연구자는 질적 탐색이 실험에 선행하기 때문에 중재 안에서 기초적인 탐색적 순차 설계를 사용할 것이다. 연구대상이 중재 활동을 어떻게 경험하는지 그리고 이 활동이 실험에 부정적인 영향을 끼치는지 긍정적인 영향을 끼치는지를 알아보기 위해, 질적 데이터는 실험이 진행되는 동안에 추가될 수 있다. 이 경우, 연구자는 수렴적 설계를 사용할 것이다. 왜냐하면 질적 데이터가 양적 실험이 진행되는 동일한 시간에 실험에 투입되기 때문이다. 혹은, 질적 데이터는 결과에 대한 사후 결과를 확인하고 통계적 결과만으로 산출할 수 있는 것보다 그것을 더 상세하게 설명하는 데 도움을 얻기 위해 실험이 끝난 후 시행에 추가될 수 있다. 이것은 중재 설계 안에서 기초적인 설명적 순차 설계를 사용하게 되는 셈이다.

중재 설계에는 기초 설계들 중 하나가 추가된다. 중재 설계의 의도는 실험 혹은 중재 시행을 수행하고 질적 데이터를 그 안에 추가함으로써 어떤 한 문제를 연구하는 것이다.

이 설계를 시행하기 위해 다음의 절차를 따른다.

① 질적 데이터가 기초 설계에 따라 (탐색적 순차 설계) 전에, (수렴적 설계) 동안에, 혹은 (설명적 설계) 후에 실험 혹은 중재 시행

에 어떻게 사용될지를 결정한다.

② 실험을 수행한다. 즉, 집단을 통제 및 처치에 배정하고, 사전 검정 및 사후 검정 측정을 결정하고, 데이터를 수집하고, 처치가 효과를 거두었는지 측정한다.

③ 질적 결과의 영향을 알아보기 위해 그 결과를 분석한다.

④ 질적 결과가 실험 결과를 어떻게 향상시켰는지 분석한다.

연구자는 무선 할당random assignment, 고품질의 처치량dosage, 타당성을 위협하는 것에 대한 통제 등과 같은 기준을 사용하는 견고한 실험을 시행하는 방법을 알아야 하기 때문에 이 설계는 시행하기가 어렵다(Creswell, 2012 참고). 또한 연구자가 연구 과정에서 질적 데이터를 어디에서 수집할지, 그리고 해당 설계의 다수 지점에서 질적 데이터를 수집할지를 결정할 필요가 있기 때문에 시행하기 어렵다. 실험이 진행되는 동안 조사자가 질적 데이터를 수집할 때, 질적 데이터 수집의 간섭이 실험에서의 결과에 부당하게 영향을 끼치지 않도록 연구자 편견은 면밀하게 주시되어야 한다. 일부 사례에서, 조사자는 실험이 끝난 후에 비간섭적인 데이터(예: 실험 동안에 연구대상에 의해 작성되는 일기)를 수집한다. 긍정적인 측면에서 본다면, 이 설계는 견고한 설계여서 무작위 통제 실험이 연구를 위한 표준인 보건과학에서 인기가 높다. 많은 논문에서, 저자들은 실험적 시행에 대해 비판적이고 이 설계는 결과의 신뢰도를 높여 주고 인간적 요소들을 실험실에서 고안된 연구의 일부로 간주하는 요소들을 시행 안에 추가한다. 중재 혼합연구 설계를 위한 절차들의 다이어그램을 그리는

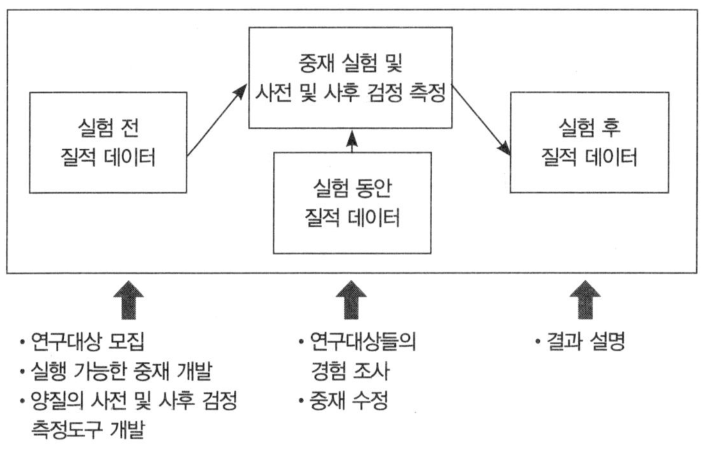

[그림 4-4] 중재 설계

방법은 많다. 한 가지 간단한 예시는 [그림 4-4]에 제시된 바와 같이 추가적인 데이터를 실험 전, 실험 동안, 혹은 실험 후에 투입하는 일일 것이다.

사회 정의 설계

사회 정의 설계의 의도는 혼합연구를 관통하고 있는 전체적인 사회 정의의 틀 안에서 어떤 한 문제를 연구하는 것이다. 성별적 시각(여성적 혹은 남성적 시각), 인종적 혹은 민족적 시각, 사회계급 시각, 장애 시각, 생활방식 지향 시각, 혹은 이 시각의 결합과 같은 몇몇 가능한 틀이 혼합연구 프로젝트에서 발견될 수 있다. 이 혼합연구의 중심에 기초 설계(수렴적 설계, 설명적 순차 설계. 혹은 탐색적 순차 설계)가 있을 테지만, 연구자는 연구 전체에 걸쳐 사회 정의를 포함시

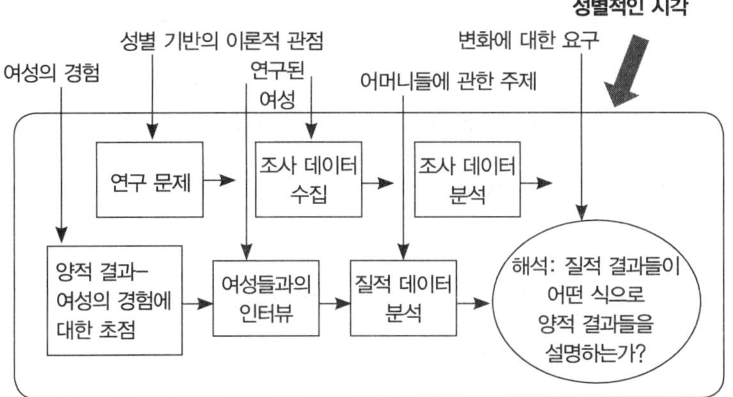

[그림 4-5] 사회 정의 설계

킬 것이다.

그 시각은 어떻게 연구 전체에 엮일까? 예를 들어, [그림 4-5]에 제시된 바와 같이, 우리는 기초적인 설명적 순차 설계와 함께 하나의 혼합연구를 보게 된다. 이 설계의 많은 지점에서 페미니스트적인 이론의 여러 측면이 포함되어 있다. 이 이론은 연구의 시작 부분에서 설정되고, 제기된 연구 문제의 유형을 알려 주고, 연구대상(여성)의 유형을 형성하며, 데이터 수집과 주제 보고 모두에서의 실재를 발견하고, 연구의 말미에서 실천(변화)에 대한 요구를 촉진한다.

사회 정의 설계의 의도는 어떤 한 문제를 전체적인 사회 정의의 틀 안에서 연구하는 것이다. 연구자는 혼합연구 전체에서 이 틀을 엮음으로써 기초 설계를 증진한다.

이 같은 유형의 혼합방법 설계에 관련된 절차는 다음과 같다.

① 여러분이 사용하고자 계획하고 있는 기초 설계의 유형을 확인하고 질적 데이터를 연구에 추가할지의 여부와 그 이유를 고려한다.
② 설계에서의 (전부는 아니더라도) 많은 단계를 알리기 위해 이론적인 시각을 포함한다.
③ 연구를 실행한다.
④ 사회 정의 시각이 연구되고 있는 상황을 해결하는 데 어떻게 도움이 되는지 고찰한다.

이 유형의 설계가 지닌 장점은 결과가 소외받는 집단 혹은 개인을 돕도록 의도된다는 것이다. 변화에 대한 요구가 이 연구의 마지막 부분에 나오는데, 여기서 연구자는 사회 정의를 창출하는 것에 대한 입장을 취한다. 이 설계는 개인이 평등하지 못하고 소외당하는 상태에 살고 있는 세계 여러 나라에서 인기가 있다. 이 설계를 사용할 때의 어려운 점은 어떤 사회 정의 시각을 사용할 것인지, 연구의 많은 단계에서 이것을 어떻게 통합할 것인지, 그리고 참가자를 더 소외시키지 않는 방식으로 이것을 어떻게 포함시킬 것인지를 결정하는 데 있다.

다단계 평가 설계

다단계 평가 설계의 의도는 어떤 상황에서 시행된 프로그램이나 활동의 성공을 평가하는 연구를 장시간에 걸쳐 수행하는 것이다. 이것은 '다단계'라 불리는데 그 이유는 그것의 구성요소 각각이 단일한 연구 자체를 대표할 수 있기 때문이다. 이것은 전체적인 의도가 어떤 프로그램 혹은 일련의 활동의 장점, 가치를 평가하는 성격을 띤다. 전체적인 평가 설계를 구성하는 개별 프로젝트는 양적, 질적, 혹은 혼합 연구가 될 수 있다. 다른 고급 설계에서와 마찬가지로, 이것들 안에서는 연구들이 수렴적 설계, 설명적 순차 설계, 혹은 탐색적 순차 설계의 부분일 것이다.

다단계 평가 설계의 의도는 어떤 상황에서 시행된 프로그램이나 활동의 성공을 평가하는 연구를 장시간에 걸쳐 수행하는 것이다.

[그림 4-6]은 측정들을 개발하고 검정하며, 프로그램을 시행하고 후속조치를 취하는 질적 및 양적인 많은 단계를 예시하고 있다.

이 설계를 시행하기 위해 다음의 절차를 따른다.

① 어떤 프로그램이 평가될 필요가 있는지와 그 프로그램을 실행할 팀 구성원을 확인한다.
② 어떤 기초 설계가 평가를 받아야 할지를 고려한다. 일반적으로

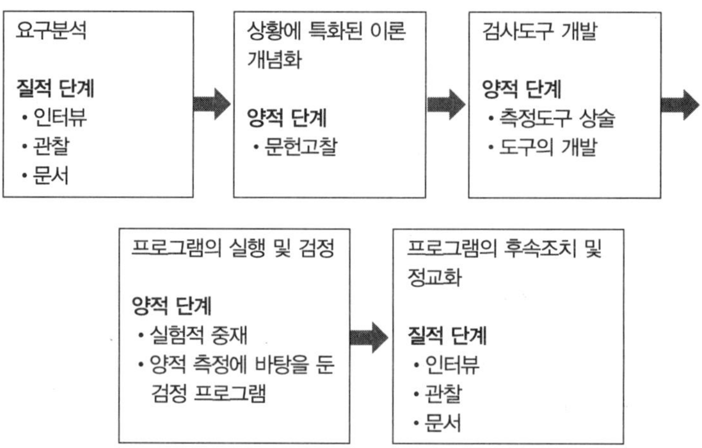

[그림 4-6] 다단계 평가 설계

평가는 요구분석과 탐색적 순차 설계로 시작된다.

③ 평가에서의 해당 단계를 확인한다. 여기에는 요구분석, 이론 개념화, 측정 및 도구의 지정, 측정 및 도구를 사용한 해당 프로그램의 검정, 프로그램 실행 검정을 설명하는 데 도움이 되는 후속조치 등이 있다.

④ 각각의 단계에서 양적 데이터나 질적 데이터, 혹은 두 가지 모두가 수집 및 분석될지를 결정한다.

⑤ 평가를 수행하고, 필요한 경우 프로그램 및 도구를 개정한다.

다단계 평가 설계의 강점은 어떤 한 프로그램의 성공을 기록하기 위한 체계적인 절차에 있다. 이것은 질적 및 양적(혹은 혼합연구) 기술 모두를 지닌 팀 구성원들을 포함시킬 수 있다. 또한 이것은 복잡한 유형의 설계로서 장시간에 걸쳐 수행되며, 재정지원을 제공하는 기관에 의해 견고하고 다면적인 프로젝트로 보일 것이다.

이 설계를 사용하는 것에 따른 한 가지 어려운 점은 이것이 '단일한' 연구자에게는 적합하지 않지만 (종종 이해 관계자들의 지원으로) 팀에게 연구를 수행하는 것을 요구한다는 것이다. 연구자들이 이 유형의 프로젝트에 참가하기 위한 재정 지원과 시간을 확보하는 것이 어려울 수도 있다. 또한 팀 구성원들은 자신들의 작업을 함께 촉진하기 위해 조율이 필요하고, 프로젝트의 전체적인 평가목표에 대한 명확성을 보장할 필요가 있다. 마지막으로, 한 단계는 또 다른 단계로 이어지기 때문에 팀은 어느 한 단계가 어떻게 다음 단계에 도움이 되는지를 고려할 필요가 있다. 이 같은 활동의 흐름은 강한 팀 리더십을 요구한다(3장 참고).

❖ 설계를 선택하는 방법

필자는 여러분이 여러분의 기초 설계를 확인하는 것으로 시작하기를 권한다. 기초 설계를 선택하기 위해, 필자는 여러분이 두 개의 데이터베이스를 통합할 계획인지 혹은 그것을 연결시킬 계획인지 고려할 것이다. 이것은 수렴적 설계(데이터의 통합)와 순차 설계(데이터의 연결) 중 어느 한쪽으로 가는 경로로 이끌 것이다. 그런 다음 필자는 실험, 사회 정의 시각, 혹은 장기적 평가요소와 같은 무엇인가가 설계에 추가될 것인지 고찰할 것이다. 이러한 요인들은 기초 설계를 고급 설계로 격상시킬 것이다.

다른 요인이 여러분의 설계 선택에 작용한다. 필자는 여러분이 혼합연구에 도입하는 기술과 경향을 고려할 것이다. 만일 여러분의 배경이 (개인적인 관심 혹은 여러분의 학문분야 영역으로 인해) 더 강한 양적 경향에 머문다면, 필자는 여러분을 양적연구(즉, 설명적 순차 설계)로 시작되는 설계를 향하도록 촉구할 것이다. 만일 여러분이 질적연구로 향하는 경향을 지니고 있다면, 필자는 질적연구로 시작되는 탐색적 순차 설계를 고려할 것을 제안할 것이다. 또한 필자는 여러분의 기술이 질적연구에서보다 양적연구에서 더 강한지 혹은 그 반대인지 평가할 것이다.

마지막으로, 필자는 여러분이 여러분의 분야에서의 문헌을 조사하여 어떤 유형의 혼합연구 설계가 사용되고 있는지 보기를 권한다. 필자가 동료와 함께 외상trauma 연구 분야에서의 혼합연구 실증적 조사를 검토했을 때, 우리는 주로 설명적 순차 설계(Creswell & Zhang, 2009)를 발견했다. 필자가 보건과학에서의 혼합연구 프로젝트에 관한 여러 토론에 참가했을 때, 필자는 질적 데이터가 실험(Creswell, Fetters, Plano Clark, & Morales, 2009) 전에, 혹은 그 실험 후에 추가된 여러 가지 중재 설계를 발견했다.

❖ 권고사항

다음은 이 장에 나온 여러 개념에서 비롯된 구체적인 권고사항이다.

- 여러분의 혼합연구를 위한 설계에 관한 여러분의 최초 생각에서 세 가지의 기초 설계 중 하나를 고려하라. 아마도 실행하기에 가장 쉬운 것은 설명적 순차 설계일 것이며 그 다음으로는 수렴적 설계, 그리고 탐색적 순차 설계일 것이다. 이 마지막 설계는 연구에서 더 많은 단계를 요구하고 다양한 기술을 요구하기 때문에 더 복잡하다.
- 타이밍(어느 것이 먼저 오고 어느 것이 다음에 오는가?) 혹은 강조(여러분의 프로젝트에서 더 중요한 것이 질적인 것인가 혹은 양적인 것인가?)의 관점으로부터 여러분의 설계에 관해 생각하지 말고 오히려 의도, 즉 해당 설계와 여러분의 연구 문제로 성취하고자 희망하는 것에 기반을 두어 생각하라. 여러분은 그 두 개의 데이터베이스를 비교할 의도가 있는가?(수렴적 설계) 양적인 결과들을 질적 데이터로 설명할 의도가 있는가?(설명적 순차 설계) 먼저 탐구하고, 그런 다음 여러분의 연구에 양적 구성요소를 구축할 의도가 있는가?(탐색적 순차 설계)
- 기초 설계를 선택한 후, 여러분의 기초 설계를 고급 설계로 확대하는 특징을 추가할 것인지 고려하라. 실험(혹은 중재 시행)을 추가할 것인가? 사회 정의 구조틀을 추가할 것인가? 프로그램 평가를 추가할 것인가?
- 의도(여러분이 달성하고자 희망하는 것), 여러분의 배경 및 기술 수준, 그리고 여러분의 분야 혹은 영역에서 발견된 설계의 경향과 같은 요인들에 기초하여 여러분의 설계를 선택하라.

추가 읽을거리

혼합연구 설계와 관련:

Creswell, J. W., & Plano Clark, V. L. (2011). *Designing and conducting mixed methods research* (2nd ed.). Thousand Oaks, CA: SAGE.

실험연구 설계와 관련:

Creswell, J. W. (2012). *Educational research: Planning, conducting, and evaluating quantitative and qualitative research*. Boston, MA: Pearson.

Shadish, W. R., Cook, T. D., & Campbell, D. T. (2002). *Experimental and quasi-experimental designs for generalized causal inference*. Boston, MA: Houghton Mifflin.

일반 평가 설계와 관련:

Rossi, P. H., Lipsey, M. W., & Freeman, H. E. (2004). *Evaluation: A systematic approach*. Thousand Oaks, CA: SAGE.

도구 또는 척도 설계와 관련:

DeVellis, R. F. (2012). *Scale development: Theory and applications* (3rd ed.). Thousand Oaks, CA: SAGE.

연구 설계 유형별 대표 예시:

수렴적 설계

Wittink, M. N., Barg, F. K., & Gallo, J. J. (2006). Unwritten rules of talking to doctors about depression: Integrating qualitative and quantitative methods. *Annals of Family Medicine, 4*, 302-309. doi: 10.1370/afm.558.

설명적 순차 설계

Ivankova, N. V., & Stick, S. L. (2007). Students' persistence in a distributed doctoral program in educational leadership in higher education: A mixed methods study. *Research in Higher Education, 48,* 93-135. doi: 10.1007/s11162-006-9025-4.

탐색적 순차 설계

Betancourt, T. S., Meyers-Ohki, S. E., Stevenson, A., Ingabire, C., Kanyanganzi, F., Munyana, M., ... Beardslee, W. R. (2011). Using mixed-methods research to adapt and evaluate a family strengthening intervention in Rwanda. *African Journal of Traumatic Stress, 2*(1), 32-45.

중재 설계

Rogers, A., Day, J., Randall, F., & Bentall, R. P. (2003). Patients' understanding and participation in a trial designed to improve the management of anti-psychotic medication: A qualitative study. *Social Psychiatry and Psychiatric Epidemiology, 38*(12), 720-727. doi: 10.1007/s00127-003-0693-5.

사회 정의 설계

Hodgkin, S. (2008). Telling it all: A story of women's social capital using a mixed methods approach. *Journal of Mixed Methods Research, 2*(4), 296-316. doi: 10.1177/1558689808321641.

다단계 평가 설계

Nastasi, B. K., Hitchcock, J., Sarkar, S., Burkholder, G., Varjas, K., & Jayasena, A. (2007). Mixed methods in intervention research: Theory to adaptation. *Journal of Mixed Methods Research, 1*(2), 164-182. doi: 10.1177/1558689806298181

제5장

연구 절차를 다이어그램화하는 방법

이 장의 주제

- 혼합연구에서의 다이어그램의 정의와 사용
- 다이어그램 제작을 위한 도구
- 다이어그램 제작에서의 기초 단계
- 기초 및 고급 혼합연구 설계를 위한 다이어그램의 예

❖ 다이어그램의 정의

혼합연구의 맥락 안에서 **절차 다이어그램**은 혼합연구 설계에서 사용되는 절차를 전달하기 위해 사용하는 그림이다. 다이어그램 안에는 데이터 수집, 데이터 분석, 그리고 연구의 해석에 관한 정보가 들어 있다. 연구에 절차 다이어그램을 포함하는 것을 고려하는 것은 특이한 일이지만, 우리는 연구에서 사용하는 이론에 대한 다이어그

램을 이용한다. 가령, 복수의 양적 및 질적 데이터 수집 및 분석이 존재하는 혼합연구에서와 같이 우리의 절차가 복잡할 때, 연구의 모든 구성요소를 종합하는 시각적인 다이어그램을 두는 것이 도움이 된다. 더구나 혼합연구는 새로운 것이어서 이해하기가 어려울 것이고, 절차의 개요는 청취자와 독자에게 유용할 수 있다.

❖ 다이어그램의 사용

2003년경, 한 연방예산안 관리자와의 대화는 혼합연구 절차를 위한 다이어그램의 개발로 이어졌다. 이 관리자는 혼합연구를 좋아했지만, 혼합연구는 데이터 수집 및 분석에 대한 복수의 구성요소 때문에 이해하기 어렵다고 말했다. 그 대화 이후에 필자는 동료들과 함께 우리의 혼합연구 절차들의 다이어그램을 개발하기 시작했고, 우리는 그 이후로도 그것을 계속 개발했다. 그것의 용도는 다양하다. 대학원 학생은 자신이 제안한 혼합연구에 관한 토론을 벌일 때 자신의 다이어그램으로 시작할 수 있다. 이들 다이어그램은 『Journal of Mixed Methods Research』와 같은 혼합연구 저널에 등장하기 시작했다. 또한 다이어그램은 예산 신청서 혹은 제안서에 포함되기도 하며 학술 대회에서의 혼합연구 프레젠테이션 동안에 유용한 시각 도구가 되고 있다.

요컨대, 다이어그램은 좁은 공간에 많은 정보를 요약하고 다양한 응용 가능성을 지닌다.

❖ 다이어그램 제작을 위한 도구

어떤 그림을 그릴 때, 그것이 출판되거나 청중에게 발표되는 경우 여러분은 컴퓨터가 필요할 것이다. 많은 혼합연구 연구자는 자료를 한 페이지에 놓는 것의 용이함 때문에 파워포인트를 사용하여 그림을 그린다. 다른 연구자들은 워드 프로세싱 프로그램을 사용하거나 심지어 스프레드시트 프로그램을 사용하여 그림을 그릴 것이다. 물론 특수한 컴퓨터 드로잉 프로그램도 사용될 것이다.

다이어그램을 그리기 전에, 여러분이 연구에 포함할 설계의 유형과 그것이 기초 설계인지 고급 설계인지를 알아야 한다. 더욱이, 혼합연구 연구자에게 익숙한 기호 체계를 사용하면 여러분의 설계가 강화될 것이다.

❖ 다이어그램을 위한 기호

1991년, 모스Morse는 혼합연구에서 보편화된 기호 체계를 명시하기 시작한 최초의 저자가 되었다. 〈표 5-1〉에서 여러분은 개발된 기초 기호를 볼 수 있다. 이것이 혼합연구에서 한결같이 사용되지 않는 것은 분명하나, 플러스 기호(+)와 오른쪽 화살표(→)는 양적 방법과 질적 방법이 함께 추가되거나 전자가 후자를 따른다는 것을 의미하는 표준적인 기호가 되었다.

〈표 5-1〉 혼합연구 다이어그램을 위한 기호

기호	의미	예시	주요 참고문헌
대문자	우선도가 높은 연구방법	QUAN, QUAL	Morse(1991,2003)
소문자	우선도가 낮은 연구방법	quan, qual	Morse(1991,2003)
+	수렴적 방법	QUAN + QUAL	Morse(1991,2003)
→	순차적 방법	QUAN → QUAL	Morse(1991,2003)

그러므로 플러스 기호와 화살표는 여러분이 다이어그램에서 접할 가능성이 높은 기호다. 이것보다 덜 사용되는 것은 연구의 양적 가닥 혹은 질적 가닥에 대한 우선순위가 높거나 강조하는 경우에 표시하는 대문자와, 우선순위가 낮거나 덜 강조하는 경우에 표시하는 소문자와 같은 일부 기호다. 또 다른 기호로는 정보를 끼워 넣기 위해 사용하는 괄호와 일련의 연구 안에 개별적인 연구를 표시하는 꺾쇠 괄호가 있다. 기호를 포함시킨다는 개념은 아마도 최근 몇 년 동안 인기가 시들었다는 의미일 것이다. 또한 다이어그램들을 단순화하고 그것을 정보로 채우지 않기 위해서일 것이다.

❖ 다이어그램에서의 필수요소

2006년, 이반코바Ivankova, 크레스웰Creswell, 스틱Stick은 다이어그램에 들어가는 것을 안내하는 핵심 개념들을 조합했다. 다음의 5개 요소가 필수적이다.

- 양적연구와 질적연구 모두를 위한 데이터 수집 및 분석을 보여 주는 박스
- 연구의 해석 단계를 보여 주는 원
- 양적연구와 질적연구 모두의 데이터 수집 및 분석 단계 모두에 붙는 과정들. 이 과정들은 박스와 나란히 놓인 굵은 점들로 표시된다.
- 데이터 수집 및 분석의 각 단계로부터 기인할 결과(박스와 나란히 놓인 굵은 점들로 표시된다.)
- 절차들의 순서를 보여 주는 화살표

다른 특징도 마찬가지로 중요하다.

절차 다이어그램에서의 필수요소

- 박스는 데이터 수집 및 분석을 표시한다.
- 원은 통합과 해석을 표시한다.
- 절차는 텍스트로 간단히 묘사된다.
- 결과는 텍스트로 간단히 묘사된다.
- 화살표는 절차들의 순서를 표시한다.

제 목

다이어그램 혹은 그림은 사용되고 있는 설계의 유형을 전달하는 제목을 가져야 한다.

예를 들어, 여러분은 제목의 틀을 다음과 같은 방법으로 만들 수 있다.

그림 1. 청소년 흡연 행위에 대한 혼합연구의 수렴적 설계

이 제목은 연구의 핵심 의도 혹은 초점뿐만 아니라 설계의 유형을 언급하고 있다.

수직 혹은 수평 방향성

다이어그램은 페이지 위에 수직 혹은 수평으로 그릴 수 있다. 대개 수렴적 설계는 수직으로, 순차 설계는 수평으로 그려진다. 저자는 어떤 것이 가장 적절한지를 판단하기 위해 이 다이어그램을 읽을 독자를 고려해야 한다. 예를 들어, 군사학 혹은 보건과학에서의 연구를 위해 제작되는 대부분의 다이어그램은 이들 기관에서 발견되는 하향식 구조와 부합하도록 수직으로 그려진다.

단순성

또 다른 고려사항은 박스 안에 있는 정보에 '데이터 수집' 혹은 '데이터 분석'이라는 이름을 붙일지 혹은 '인터뷰 데이터 수집' 혹은 '20명의 청소년을 대상으로 한 인터뷰 수집'과 같은 더 자세한 묘사를 포함시킬 것인지의 여부다. 혼합연구에 익숙하지 않은 연구

자는 다이어그램 안에 있는 상자 안에 종종 더 자세한 정보와 세부 사항을 자주 포함시킨다. 이 연구자들은 아마도 그림에 대해 '방법' 방향성보다 더 많은 '내용' 방향성을 지니고 있고, 특정한 방법 절차만큼이나 연구의 내용에 관해 많은 것을 보여주는 다이어그램을 개발할 것이다.

다이어그램을 제작하는 데 있어 핵심 개념은 그것을 지나치게 그려 내는 것이 아니라, 단순하면서도 직관적으로 유지하는 것이다. 그러므로 많은 방향으로 향하는 많은 수의 상이한 화살표는 추천되지 않으며, 양적 가닥과 질적 가닥 모두를 위한 데이터 수집, 데이터 분석 및 해석이 권고될 것이다.

단일한 페이지

다이어그램은 한 페이지 안에 들어가야 한다. 이 접근법은 다이어그램을 판독하는 것을 용이하게 해 줄 뿐만 아니라 공간을 절약해 주기도 한다. 이 페이지에서 저 페이지로 화살표 혹은 상자를 따라가야 한다면 매우 혼란스러울 것이다.

타임라인

연구의 상이한 단계들에 시간을 지정하는 것은 종종 도움이 된다. 데이터 수집은 언제 이루어지는가? 데이터 분석은? 해석은? 여러 달 혹은 여러 날 단위의 타임라인이 다이어그램 안의 상자와 나란히 뻗어 있는 선상에 놓일 수 있다. 그것은 연구자뿐만 아니라 독자가 프로젝트의 단계들이 언제 발생되는지를 이해하는 데 도움이 된다.

❖ 다이어그램을 제작하는 데 있어 기초 단계

① 사용할 드로잉 프로그램을 선택한다.

② 사용하고자 계획하고 있는 기초 설계(수렴적 설계, 설명적 설계, 혹은 탐색적 설계)를 그린다. 박스를 사용하여 데이터 수집 및 분석을 표시하고, 원을 사용하여 해석을 표시하고, 화살표를 사용하여 절차의 흐름을 표시한다.

③ 가령, 기초 설계 주위에 구조틀을 배치하고 그것을 고급 특징으로 이름을 붙임으로써 고급 설계를 의미하는 특징을 추가한다.

④ 다이어그램 안에 절차, 결과, 타임라인, 단계, 색 코드화 등 원하는 추가적인 정보를 더한다.

❖ 설계별 다이어그램의 시각적 모형

[그림 5-1]을 보고 수렴적 평행 설계, 설명적 순차 설계, 그리고 탐색적 순차 설계 이렇게 세 가지 기초 설계의 다이어그램을 살펴보자. 여러분이 볼 수 있듯이, 각각의 다이어그램은 데이터 수집, 데이터 분석을 위한 상자, 양적연구와 질적연구 모두에 대한 해석을 위

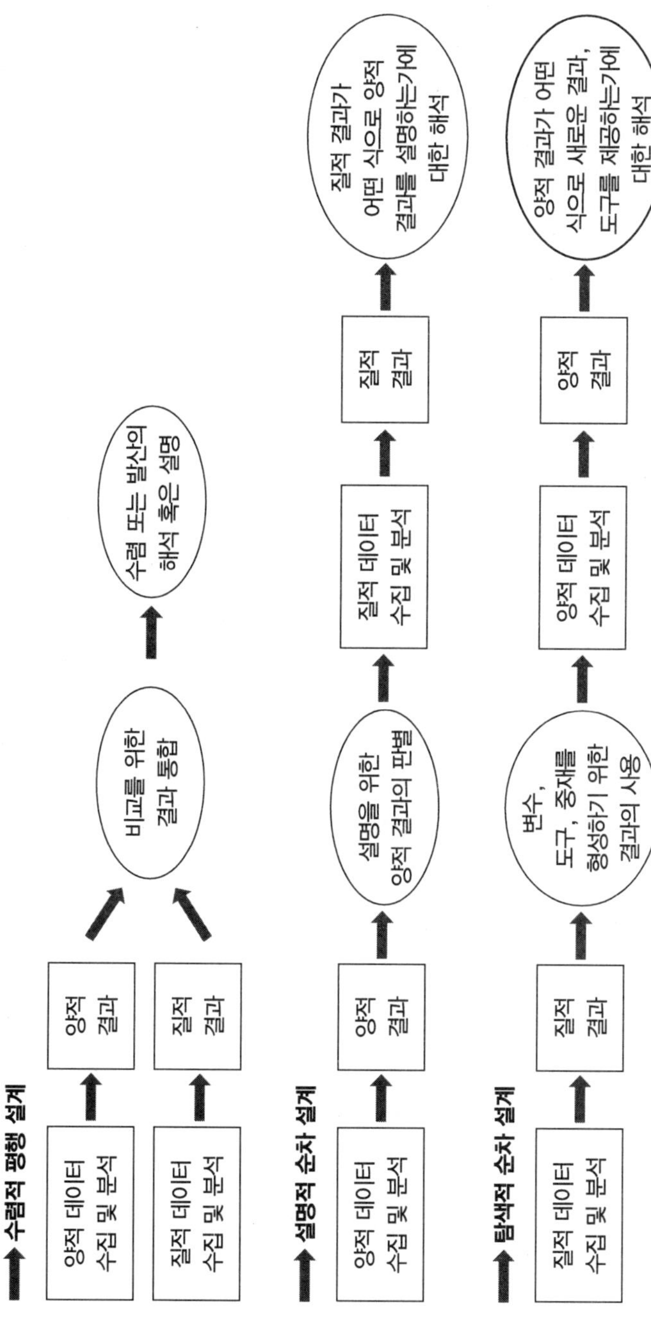

[그림 5-1] 기초 혼합연구 설계를 위한 절차 다이어그램

한 원으로 이루어져 있다. 화살표는 활동의 흐름을 나타내며 다이어그램 3개 모두가 수평으로 (수렴에 대해) 그려진다. 단어가 각각의 설계 안의 방법 단계를 간략히 묘사하기 위해 각 다이어그램 안에 삽입되어 있다.

[그림 5-2]는 고급 설계의 다이어그램을 보여 주면서, 중재 연구, 사회 정의 연구 혹은 다단계 평가 연구를 설계하기 위한 유용한 모델을 제공해 준다.

기초 설계 안으로 추가적인 정보를 제공하는 특징을 추가할 수 있다. [그림 5-3]을 보자. 이 그림은 주요한 박스들과 나란히 있는 큰 점으로써 제시된 절차를 열거하고 있다. 또한 이것은 다이어그램의 중앙에 결과물을 열거하고 있고 다이어그램의 바깥과 나란하게 타임라인을 포함하고 있다. 이것이 수렴적 설계임을 표시하는 제목이 다이어그램 밑에 제시되어 있어 APA 스타일 포맷을 반영해 준다. 더구나, 수렴적 설계로서 이 설계는 단일 단계 설계로 확인된다.

설명적 순차 설계가 [그림 5-4]에 제시되어 있다. 여기서 우리는 박스, 박스와 관련 있는 절차와 결과물, 타임라인, 2개 단계의 지정 및 제목이 있는 수평적 설계를 볼 수 있다.

❖ 절차와 결과물을 다이어그램에 추가하기

앞의 다이어그램에서 볼 수 있듯이, 절차와 결과물은 큰 점으로 배정되어 있고, 삽입될 수 있는 정보의 양은 매우 한정되어 있다. 이

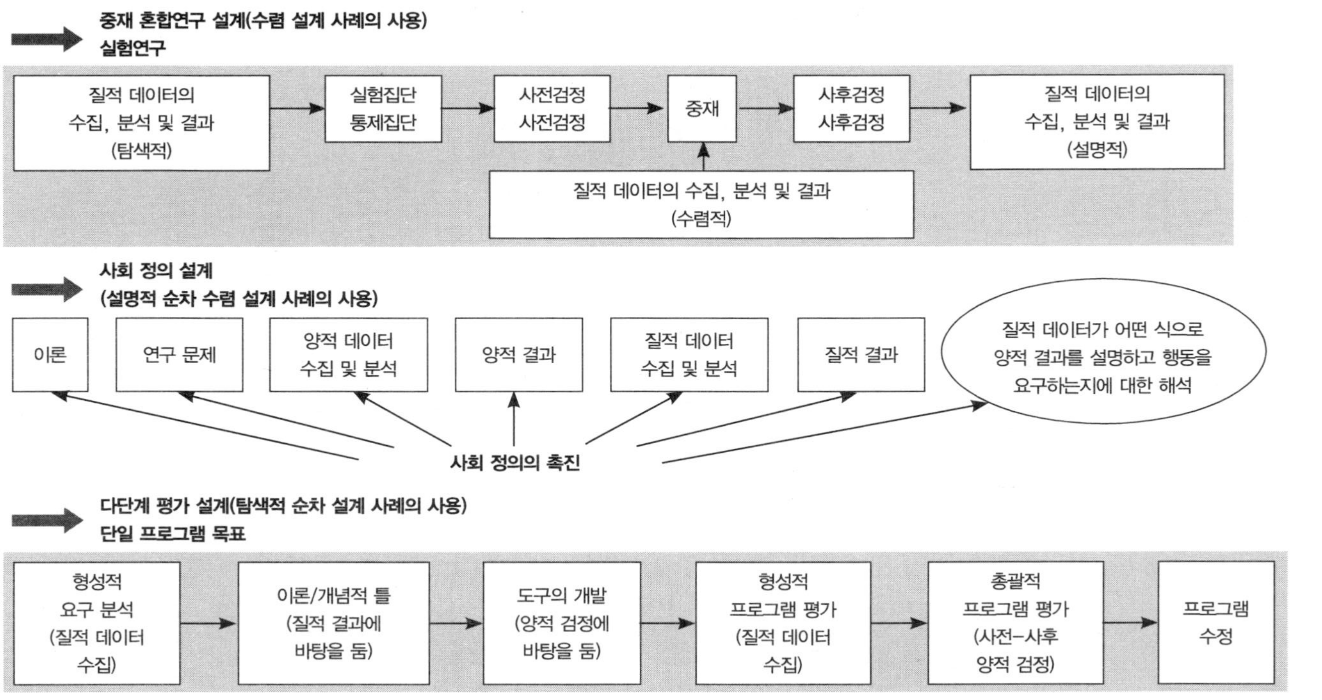

[그림 5-2] 고급 혼합연구 설계를 위한 절차 다이어그램

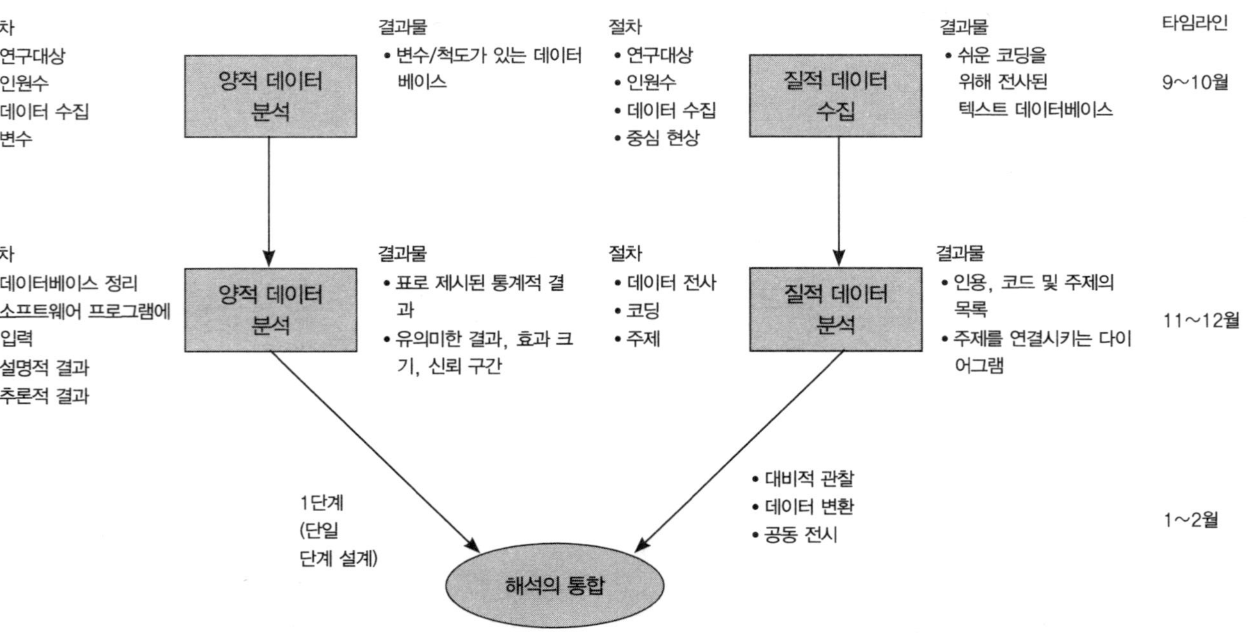

[그림 5-3] ○○의 수렴적 혼합연구 설계

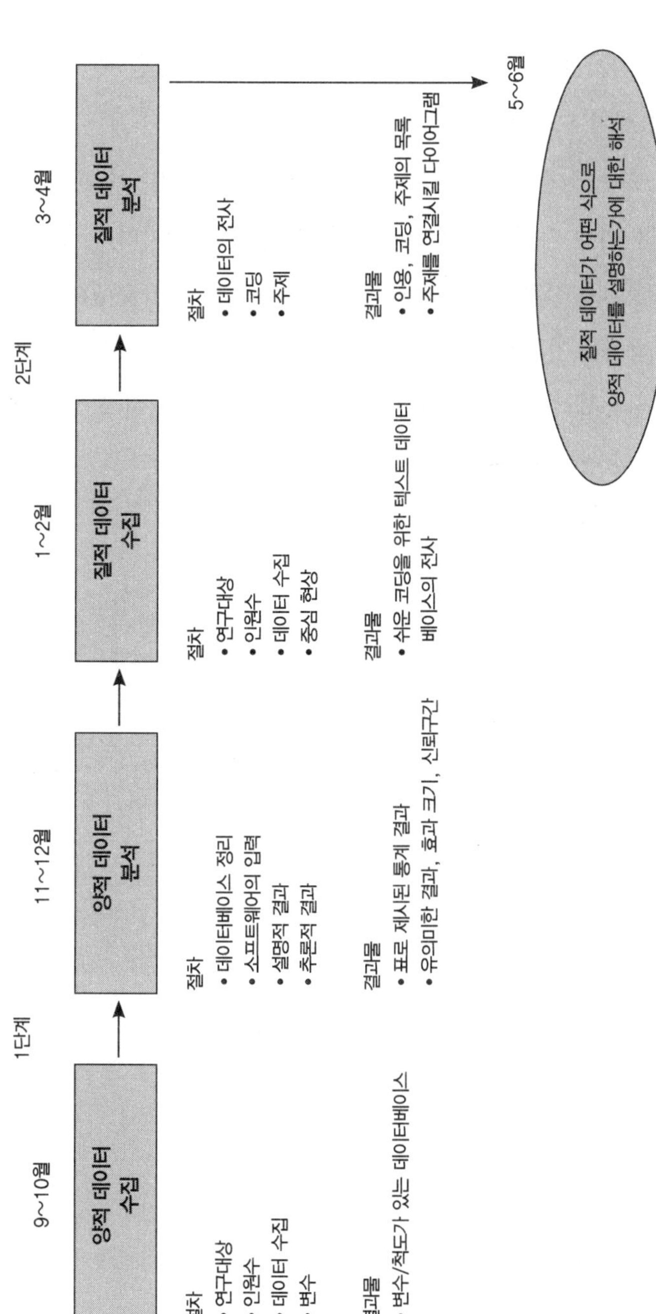

[그림 5-4] ○○의 설명적 순차 혼합연구 설계

것은 연구자가 큰 점에 어느 정보를 제공할지를 결정할 때 무엇이 가장 중요한지 고려할 필요가 있다는 것을 의미한다.

〈표 5-2〉는 양적 데이터 수집 및 분석과 질적 데이터 수집 및 분석 모두를 위해 다이어그램 안에 제공될 수 있는 데이터의 유형을 예시하고 있다. 절차는 연구자가 연구의 각 단계 동안 수행하는 단계 혹은 방법을 가리키며 결과물은 각 단계에서 비롯되는 특정 결과를 나타낸다. 결과물을 다이어그램에 추가하는 것은 어떤 한 프로젝트의 특정한 결과에 관해 연방, 주 및 공공 기관에게 보내는 보고서를 만들 때 특히 도움이 된다.

〈표 5-2〉 다이어그램에 포함되는 절차와 결과물에 대한 정보

	절차	결과물
양적 데이터 수집	• 연구대상 • 인원수 • 데이터 수집 • 변수	• 변수/척도가 있는 데이터베이스
양적 데이터 분석	• 완전한 데이터베이스 • 소프트웨어 프로그램으로의 입력 • 설명적 결과 • 추론적 결과	• 표로 제시된 통계 결과 • 유의미한 결과, 효과 크기, 신뢰구간
질적 데이터 수집	• 연구대상 • 인원수 • 데이터 수집 • 중심 현상	• 쉬운 코딩을 위해 전사된 텍스트 데이터베이스
질적 데이터 분석	• 데이터의 전사 • 코딩 • 주제	• 인용, 코드, 주제의 목록 • 주제들을 연결시킬 다이어그램

❖ 고급 설계 다이어그램 그리기

고급 설계를 제작하기 전에 기초 설계를 보는 것이 도움이 되는 경우가 자주 있다. 예를 들어, 중재 고급 설계에서, 기초 설계는 실험 결과를 설명하기 위한 인터뷰가 뒤를 잇는 실험일 수 있다. 고급 설계를 그리는 것은 두 개의 그림이 필요한데, 그중 하나는 [그림 5-5]에 예시된 것처럼 기초 설계를 위한 것이다. 이 설계 다음에는 [그림 5-6]에 제시된 것처럼 절차, 결과물, 타임라인, 단계를 표시하는 더 완전한 설계가 이어지는데, 이것은 실험적 중재 설계 안에 들어 있는 설명적 순차 설계를 보여준다. 프로젝트의 질적 가닥은 실험 다음에 생기고 실험 결과를 설명하는 데 도움이 된다.

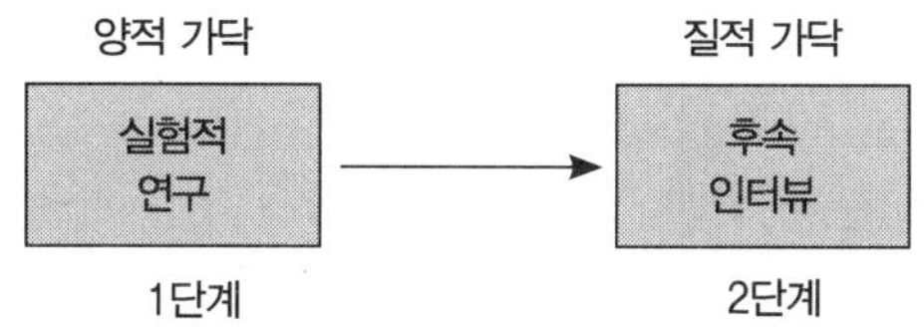

[그림 5-5] 고급 설계: (설명적 순차 설계와 결합한) 중재 설계

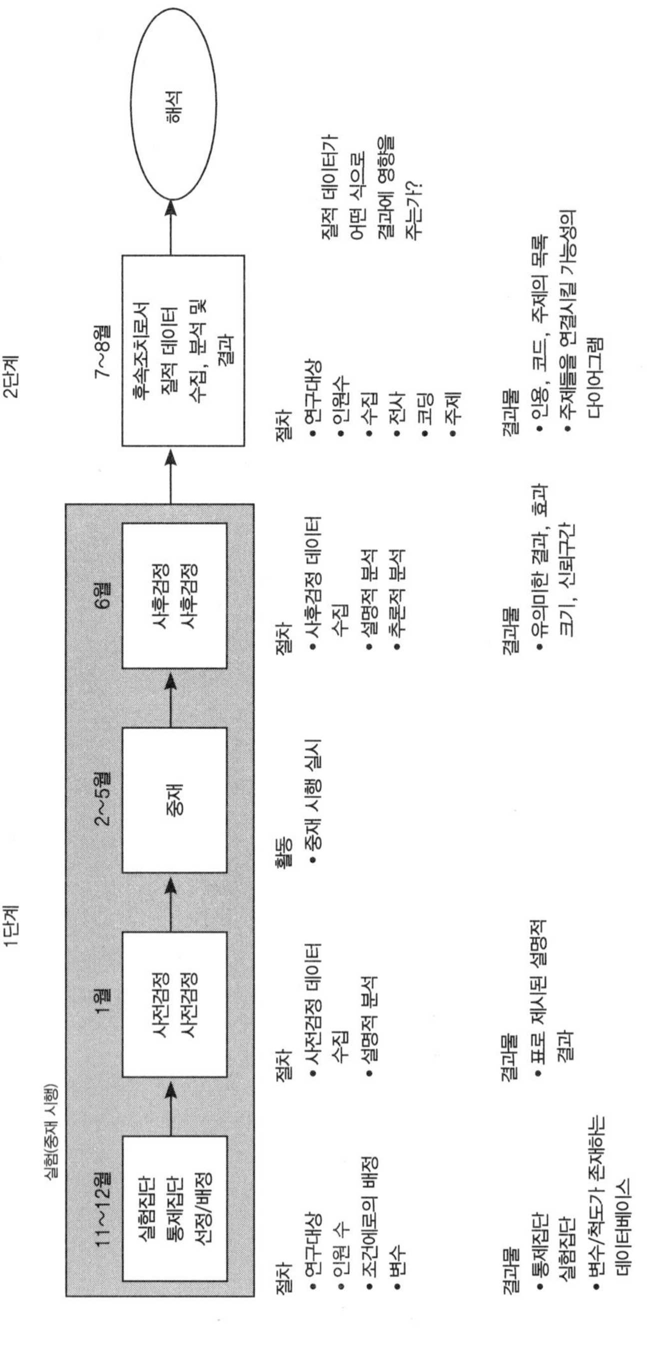

1단계

실험(중재 시행)

11~12월 → 1월 → 2~5월 → 6월 → 7~8월 → 해석

11~12월: 실험집단 통제집단 선정/배정

절차
- 연구대상
- 인원 수
- 조건에로의 배정
- 변수

결과물
- 통제집단 실험집단
- 변수/척도가 존재하는 데이터베이스

1월: 사전검정 사전검정

절차
- 사전검정 데이터 수집
- 설명적 분석

결과물
- 표로 제시된 설명적 결과

2~5월: 중재

활동
- 중재 시행 실시

6월: 사후검정 사후검정

절차
- 사후검정 데이터 수집
- 설명적 분석
- 추론적 분석

결과물
- 유의미한 결과, 효과 크기, 신뢰구간

2단계

7~8월: 후속조치로서 질적 데이터 수집, 분석 및 결과

절차
- 연구대상
- 인원수
- 수집
- 전사
- 코딩
- 주제

결과물
- 인용, 코드, 주제의 목록
- 주제들을 연결시킬 가능성의 다이어그램

해석

질적 데이터가 어떤 식으로 결과에 영향을 주는가?

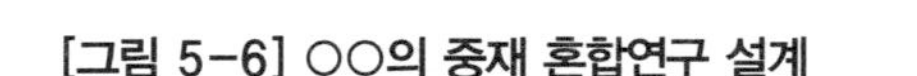

[그림 5-6] ○○의 중재 혼합연구 설계

❖ 권고사항

결론적으로 필자는 다이어그램에는 항상 혼합연구를 포함하라고 권고하고 싶다. 이 다이어그램은 절차에 대한 유용한 개관을 제공하고 독자가 설계의 복잡한 특징을 이해하도록 도움을 준다. 더구나 필자는 이 다이어그램을 그리는 데 있어 몇 가지 기본적인 특징을 검토했다.

가장 중요한 것은 다이어그램이 단순하고 복잡하지 않아야 하며, 한 페이지에 놓여야 한다는 것이다. 다이어그램을 그릴 때, 기초 설계로 항상 시작하고 필요한 경우에 고급 설계 특징을 추가해야 한다. 추가적인 세부사항을 설계 안으로 통합하면 독자에게 흥미를 주는 더 많은 정보를 제공할 수 있다.

 추가 읽을거리

Ivankova, V., Creswell, J. W., & Stick, S. (2006). Using mixed methods sequential explanatory design: From theory to practice. *Field Methods, 18*, 3-20.

Morse, J. M. (1991). Approaches to qualitative-quantitative methodological triangulation. *Nursing Research, 40*, 120-123.

제6장

혼합연구의 서론

이 장의 주제

- 혼합연구의 서론을 작성하기 위한 스크립트
- 혼합연구 목적 진술의 작성
- 혼합연구의 문제 작성

❖ 좋은 서론의 중요성

모든 연구논문의 가장 중요한 요소 중 하나는 서론이다. 만일 저자가 논문의 첫 몇 문단에서 독자의 관심을 끌지 못한다면, 프로젝트가 시작되기도 전에 독자를 잃을 가능성이 높다. 이 서두에 해당되는 부분은 다루어져야 할 필요가 있는 문제 혹은 쟁점을 제기한 다음, 독자에게 이 쟁점의 중요성을 설득하며 이에 대한 잠재적인 해결책을 마련하는 것이 얼마나 중요한지 알려야 한다. 소설가는 이 접근법을 잘 알고 있다. 소설가는 소설의 첫 부분에서 독자를 딜레마로 초대한 다음, 페이지가 진행됨에 따라 그 문제를 해결하거나 적어도 그 문제에 대해 아는 것에 훨씬 더 가까워지고 있다는 느낌을 주기 위해 충분한 단서를 독자에게 제공한다. 마찬가지로, 작곡가는 불협화음을 사용하여 화음을 만들어 낸 다음, 그 불협화음을 듣기 좋은 화음으로 해결한다. 시트콤 제작자는 2~3개의 주요 딜레마를 나란히 배열한 다음, 일괄적으로 혹은 개별적으로 프로그램의 절반 막바지에 딜레마 모두를 만족스러운 결론으로 마무리하기를 희망한다. 그러므로 문제나 쟁점을 제기한 다음, 이를 다루는 이 같은 모형의 연구는 우리 생활의 많은 분야에서 우리에게 새로운 것이 아니고 익숙한 것이다.

❖ 혼합연구의 서론을 작성하기 위한 스크립트

몇 년 동안, 서론의 구성요소 개요를 서술하는 스크립트를 따르는 것의 중요성이 연구방법 서적에서 강조되어 왔다('연구 설계' Creswell, 2014의 '연구 설계' 참고). 이 스크립트는 연구논문 서론을 작성하기 위한 '사회과학 결함social science deficiency' 모형이라 불려 왔지만 보건과학에도 똑같이 적용된다. 연구논문 서론은 주제에 대한 독자들의 관심을 유발하고, 다루어져 할 필요가 있는 문제나 쟁점을 명시하며, 구체적인 목적(혹은 목표)을 전달하고, 많은 경우에서 특정한 목적(혹은 목표)을 특정한 연구 문제로 좁힌다. 필자가 사회, 행동,

보건과학에서의 견고한 연구논문에서 종종 보는 서문의 템플릿은 5개 항목으로 이루어졌다.

서론의 작성

- 주제
- 문제
- 기존의 문헌
- 문헌의 부족
- 이득을 얻게 될 독자층

목적 진술(혹은 연구 목표)과 연구 문제는 다음의 5개 항목에 이어진다. 이 5개 항목은 다음에 설명되어 있다.

주 제

첫 두 문장이 우울증 검사, 혹은 중학교에서의 청소년 행동과 같은 연구논문의 일반적인 주제를 설정해 준다. 참고문헌을 제시하고, 통계자료를 인용하며, 독자에게 이것이 고려할 만한 중요한 주제라는 것을 알려야 한다. 또한 문학에서 소위 말하는 '이야기 고리 narrative hook'라 부르는 첫 문장에 주의를 환기시켜야 한다. 첫 한두 문장에서, 독자의 관심을 유발하고 계속 읽게 만드는 것이 중요하다. 마지막으로, 독자와 관련이 있는 주제를 제공하되 서두 문장에 대해 곰곰이 생각하거나 그것에 오래 머물게 하는 난해한 것이 되어서는 안 된다. 이것은 '우물 안으로 독자를 천천히 끌어내리는 것'으로 비유될 수 있다.

문 제

주제를 도입한 후, 연구가 다루어야 할 문제 혹은 쟁점에 대해 분명하게 이해시키는 것이 중요하다. 이것은 작성하기에 어려운 문구이며, 많은 연구자는 쟁점 혹은 관심사를 만들어 내기 보다는 '이루어지고 있는 것'을 언급한다. 어떤 문제가 해결되거나 다루어질 필요가 있는가? 여러분은 실무에서 비롯되는 것으로서 이 쟁점에 대해 생각할 수도 있을 것이다. 즉, 진료소의 경우, 일정관리에서의 쟁점은 무엇인가? 지역사회의 경우, 사람들을 참여시키는 것에서의 쟁점은 무엇인가? 종종 연구자는 문헌상의 쟁점, 즉 문헌의 부족만을 언급하고 거기서 멈춘다. 분명히 해당 문제에 대한 연구가 없다는 것은 중요하다. 그러나 연구가 없다는 것에서 초래되는 결과, 혹은 그것에 따른 문제점은 무엇인가? 더구나 연구의 필요성을 낳는 다수의 문제가 존재할 것이다. 그것들 모두를 언급하자. 또한 해당 문제에 관한 여러분의 주장을 뒷받침하기 위해 참고문헌을 제시하자. 양질의 학술연구논문을 작성하기 위해서는 이것이 필요하다.

기존의 문헌

다음으로 해당 문제를 다루려고 했던 기존의 문헌을 제시한다. 이 항목은 문헌 고찰이 아니라 해당 문제를 다루었던 연구논문을 전체적으로 살펴보는 것이다. 일부 문제에 대해서는 문헌이 존재하지 않을 수도 있다. 다른 문제의 경우, 많은 연구논문이 존재하지만 여러분의 연구가 취하는 방향에 직접적인 도움이 되지 못할지도 모른다. 이 항목에서 참고문헌을 반드시 제시해야 한다. 여러분이 문헌을 철저하게 살펴보았고 여러분의 혼합연구와 가장 가까운 연구를 인용했다고 독자가 결론을 내릴 수 있도록 문헌을 충분히 인용해야 한다.

혼합연구 문헌의 부족

그 다음 항목에서, 문제를 다루는 데 도움이 되겠지만 문헌에서 빠진 것을 언급해야 한다. 아마도 그 빠진 부분은 연구 대상과 관련이 있는 문장(예: 히스패닉에 대한 연구가 필요하다)이거나 변수 간의 관계가 충분히 설명되어 있지 않은 문장(예: 암 검진을 받을 마음이 내키도록 하는 요인에 관해 결과는 단정적이지 못하다)일 것이다. 바로 이 항목에서 혼합연구가 중요한 역할을 한다. 혼합연구의 기본 개념은 여러분이 양적 데이터와 질적 데이터 모두를 수집할 때 그리고 데이터를 통합하거나 일괄적으로 사용할 때 무엇인가를 얻는다는 것이다. 그러므로 문헌의 부족은 혼합연구에 대한 이론적 근거와 직접적으로 관련이 있을 것이다. 우리는 다른 문화를 잘 이해하는 도구를 가지고 있지 않을 수도 있고 우리가 정보를 측정하고 수집하는 것을 시작하기 전에 먼저 탐색(즉, 탐색적 순차 설계)할 필요가 있을지도 모른다. 우리는 구성체construct 혹은 변수에 대한 좋은 측정도구를 지니고 있지 않을 수도 있고, 우리가 구성체에 대한 '다른 의견'을 얻을 수 있도록 구성체에 대하여 연구대상에게 질문하기 위한 인터뷰를 추가(즉, 수렴적 설계)할 필요가 있을 수도 있다. 우리는 연구대상을 모집하여 중재 시행에 참여시키는 가장 좋은 방법을 알아내기 위한 연구를 수행하고 질적 포커스 그룹 연구로 우리의 실험을 시작(즉, 중재 설계)할 필요가 있을지도 모른다.

독자층

연구논문으로부터 어느 개인이 도움을 받게 될지를 판단하여 독자층을 확인한다. 희망컨대, 여러분이 그물을 충분히 넓게 던진다면 모든 독자가 이 독자층의 일부가 될 것이다. 여러분은 사람들의 집단 측면에서 독자층을 생각하게 될 것이다. 연구논문으로부터 정책입안자, 지도자, 기타 연구자, 기관 및 학교의 실무자, 혹은 인터넷 독자가 어떤 식으로 도움을 받겠는가? 이 절에서 몇몇 독자층을 확인하고 해당 문제를 다루는 연구가 그들을 어떻게 도울지를 명확하게 말한다면 유용할 것이다.

❖ 혼합연구 목적 진술

목적 진술은 연구 프로젝트에서 가장 중요한 진술이다. 이것은 전체 연구의 목적 혹은 중심 목표를 제시한다. 이 진술에서 명확성이 없다면, 독자는 프로젝트 전체에서 길을 잃을 것이다. 목적 진술을 작성하는 데 어려움을 가중시키는 것은 혼합연구가 가동성이 있는 많은 부분들로 인해 복잡하다는 것이다. 독자는 연구논문에서—목적 진술 혹은 연구 목적 부분에서—이 부분과 조우할 필요가 있다.

> 목적 진술서는 연구논문의 주요 의도 혹은 목표를 설정해 준다. 이것은 연구 프로젝트에서 가장 중요한 진술이다.

'모범 규준' 연구 목표

2011년, 모 연구 집단은 '보건과학에서의 혼합연구를 위한 모범 규준'을 개발했다. 이 연구 집단은 국립보건원의 행동 및 사회 과학 연구국의 위촉을 받았다. 이 연구 집단의 성과는 국립보건원 재정지원을 신청하는 사람뿐만 아니라 재정지원 신청을 검토하는 사람들에 의해 사용될 혼합연구를 위한 규준을 개발한 것이었다. (웹 사이트에 게시된) 이 보고서의 한 항목은 국립보건원 프로젝트를 위해 추천된 연구 목표들을 다룬다. 혼합연구 프로젝트에서의 연구 목표는 양적, 질적 및 혼합연구를 포함해야 하며, 이 목표는 사용되고 있는 혼합연구 설계의 유형과 관련이 있어야 한다고 판단했다. 더구나, 아마도 가장 중요한 것은 연구 목표의 '부분들parts'의 순서가 논의되었고, 연구 집단의 구성원들이 콘텐츠 주제(즉, 연구되고 있는 주제)로부터 방법(즉, 주제를 연구하기 위해 사용되고 있는 절차)으로의 흐름을 보기를 원했다는 것이 분명했다. 다시 말해서, 방법이 연구 목표에서 두 번째 자리를 차지하게 되어서 방법보다 콘텐츠가 강조되었다. 예를 들면, 다음과 같다.

> AIDS/HIV(콘텐츠)에 대한 치료 절차의 수용은 일대일 면담(방법)을 사용함으로써 탐구될 것이다.

스크립트의 예

콘텐츠가 우선시되어야 한다는 이 같은 생각은 프로젝트의 목적 진술 혹은 연구 목표를 전달하기 위해 연구자들이 사용하게 될 혼합연구 스크립트의 개발에 반영되었다. 혼합연구에서의 목적 진술은 길고 포괄적이다. 혼합연구 목적 진술을 위한 좋은 스크립트의 네 가지 부분은 다음과 같다.

- 의도: 연구의 일반적인 의도를 전달한다. 여러분은 프로젝트의 말미에 무엇을 달성하고 싶은가? 이것을 하나의 간결한 문장으로 만든다.
- 설계: 다음으로 여러분이 연구에서 사용하게 될 구체적인 혼합연구 설계(예: 중재 설계)를 언급한다. 이 설계에 대한 간략한 정의를 제시하고, 그런 다음 여러분이 수집하게 될 양적 데이터와 질적 데이터의 유형과 이 두 개의 데이터베이스가 통합되거나 결합되는 방식을 언급한다.
- 데이터: 다음으로 검정할 이론, 연구할 개인, 분석할 변수, 조사

할 현상을 포함한 데이터 수집 절차를 기술한다. 예를 들어, 수렴적 설계에 대해 여러분은 다음과 같이 말할 수 있다.

"이 연구에서, '독립 변수'가 '연구대상 지역'에서의 '연구대상'에 대한 '종속 변수'에 '긍정적으로, 부정적으로' 영향을 주게 될 것으로 예측하는 '이론 명'의 이론을 검정하기 위해 '양적 데이터'가 사용될 것이다. '질적 데이터의 유형'은 '연구대상 지역'에서의 참가자들에게 일어나는 '중심 현상'을 탐색할 것이다."

- 근거: 양적 데이터와 질적 데이터 모두를 수집하는 것에 대해 여러분이 사용하고 있는 근거를 제시함으로써 목적 진술을 마무리한다. 양적 결과(즉, 설명적 순차 설계)를 설명하는 것을 용이하게 하기 위해서 여러분은 질적 데이터를 포함시키고 있는가? 해당 문제에 대한 더 완전한 이해(즉, 수렴적 설계)를 개발하기를 희망하는가? 해당 근거는 더 좋은 도구(즉, 탐색적 순차 설계)를 가질 수 있는가?

설명적 순차 설계 스크립트의 예가 다음에 제시되어 있다. 연구자는 적당한 빈칸에 정보를 삽입한다.

이 연구는 '콘텐츠 목표'를 다룰 것이다. 설명적 순차 혼합연구 설계가 사용될 것이고 이것은 먼저 양적 데이터를 수집한 다음, 상세한 질적 데이터로 양적 결과들을 설명하는 것을 포함할 것이다. 우선, 연구의 양적 단계에서 '양적 도구' 데이터가 '연구 지역'의 '연구대상'으로부터 수집되어 '독립 변수'가 '종속 변수'와 관련이 있는지를 평가하기 위해 '이론 명'을 검정할 것이다. 그런 다음, 양적 결과들을 설명하는 것을 용이하게 하기 위해 양적 단계가 양적 결과들에 대한 후속조치로 시행될 것이다. 이 같은 설명적 후속조치에서 잠정적인 계획이 '연구 지역'의 참가자들을 대상으로 '중심 현상'을 탐구할 것이다.

❖ 혼합연구의 문제 작성

혼합연구는 전적으로 양적연구도, 질적연구도 아니라 그 중간이기 때문에, 혼합연구 프로젝트를 위해 연구 문제는 어떻게 작성되어야 하는가? 우선, 혼합연구를 보고하는 간행된 저널 논문에서, 일반적으로 목적 진술(혹은 연구 목표)과 연구 문제 모두가 보고되지는 않는다. 목적 진술만 보고되는 경우가 종종 있다. 학생들이 연구논문에 대한 통달을 보여 줄 필요가 있는 대학원 논문의 경우, 목적 진술과 연구 문제 모두가 등장하는 경우가 종종 있다. 재정 지원을 받기 위한 제안서는 또한 목적 진술과 연구 문제 모두를 갖추고 있는 것이 보통이다.

연구 문제 혹은 가설의 역할은 목적 진술을 프로젝트에서 구체적으로 다루게 될 문제 혹은 진술로 좁히는 것이다. 혼합연구 조사에서, 다음의 세 가지 유형의 문제를 작성하면 유용하다.

- 양적연구 가설 혹은 문제
- 질적연구 문제
- 혼합연구 문제

양적연구 가설 혹은 문제

가설은 문헌 혹은 이론에 바탕을 두어 이루어진 결과에 대한 예측이다. 그것은 귀무歸無적 형식('……사이에 유의미한 차이가 없다.') 혹은 방향적 형식('더 많은 동기부여는 더 높은 성취를 낳는다.')으로 진술될 수 있다. 가설은 문제를 작성하는 공식적인 방법이고, 보통 혼합연구의 실험 연구 구성요소에서 발견된다. 가설을 구성하는 데 있어 한 가지 대안은 연구 문제('더 많은 동기부여는 더 높은 성취와 관련이 있는가?')를 진술하는 것일 것이다. 오늘날 많은 혼합연구 프로젝트가 가설보다는 연구 문제를 더 많이 사용한다.

양적 가설 혹은 문제를 작성하는 것에 대한 일부 기본 지침이 있다.

첫째, 변수를 확인해야 하는데, 그것들은 통상적으로는 종속 변수 혹은 연구에서의 결과에 영향을 주는 주요 독립 변수다. 변수는 측정 대상이다. 양적연구에서는 통상적으로 집단을 (독립 변수에 대하여) 비교하거나 변수를 관련시킨다('어떤 요인들로 인해 자존감이 낮아지는가?').

둘째, 가장 견고한 양적연구는 가설 혹은 문제를 독립 변수와 종속 변수 사이의 관계를 설명하거나 예측하는 이론에 기반을 둔다.

셋째, 연구자는 가설과 연구 문제 중에서 하나를 선택한다. 통상적으로, 두 가지 모두가 단일한 혼합연구에서 사용되지는 않는다.

넷째, 변수와 그것의 의도에 대해 분명히 알고 있어야 한다. 가장 중요한 두 가지 변수는 독립 변수와 종속 변수이며, 그것들은 아마도 원인과 결과를 보여 줄 것이다. 이것 다음으로 매개 변수(영향을 주는 수단으로서 독립 변수와 종속 변수 사이에 존재하는 변수), 조절 변수(독립 변수와 결합하여 결과에 영향을 끼친다; 예: 연령과 동기부여의 결합은 성취에 영향을 준다), 사회 경제적 지위, 교육기간, 성별 등 인구통계학적 특성과 같이 연구에서 통제되는 공변인과 같은 다른 변수들이 있다.

다섯째, 독자에게 도움을 주기 위해 각각의 연구 문제 혹은 가설에서 변수의 단어 순서를 독립 변수부터 종속 변수까지 일관되게 유지하는 것이 중요하다. 다음은 평행 단어 순서의 예로 '주택의 위치가 병원의 선택에 영향을 주는가?' '가족의 조언이 병원의 선택에 영향을 주는가?'를 들 수 있다.

질적연구 문제

또한 좋은 질적연구 문제들이 혼합연구 프로젝트를 위해 작성될 필요가 있다. 질적연구에서, 연구자는 가설보다는 연구 문제를 사용한다. 이러한 문제를 위한 형식은 하위 문제가 그 뒤를 잇는 중심적인 문제를 수반한다. 중심적인 문제는 어떤 현상에 관해 제기되는 가장 일반적인 문제다. 이 문제는 대개 (통상적으로 양적연구와 관련이 있는 '왜' 대신에) '어떻게' 혹은 '무엇'이라는 단어로 시작된다. 또한 이 문제는 연구자가 탐구하고 싶어 하는 중심 현상 혹은 개념에 초점을 둔다(예: '신장 이식을 기다린다는 것은 무엇을 의미하는가?').

질적연구 문제를 표현할 때, 연구자는 또한 '발견하다' '이해하다' '묘사하다' '보고하다'와 같은 행동 지향적인 동사를 사용한다. 이 문제는 연구자가 현장에서 데이터를 가장 잘 수집하는 방법을 알게 되면서 데이터 수집 동안에 종종 변한다. 특정한 유형의 질적 설계를 사용하는 것은 해당 문제의 단어 선택에도 영향을 줄 수 있다. "사람들이 큰 조직에서 고립감을 느끼는 이유를 어떤 이론이 설명하는가?"가 근거가 있는 이론 문제인 반면, "쓰나미 희생자는 어떤 생존 스토리를 가지고 있는가?"는 서술적인 연구 문제가 될 것이다.

혼합연구 문제

대부분의 연구자에게 새롭고 오늘날까지 연구방법 교재에서 발견되지 않는 문제를 통해 혼합연구 문제를 이끌어 낸다. 혼합연구에서 양적연구 문제 혹은 질적연구 문제의 범위를 넘어서는 문제 하나가 제기되고 있었기 때문에 필자와 동료들은 이 문제를 개발했다. '범위를 넘어서는 어떤 것something beyond'은 혼합연구 설계의 의도에 의해 대표될 수 있다. 양적연구와 질적연구 모두의 결과를 통합하는 설계에 의해 어떤 추가적인 정보가 추구되는가? 혼합연구 설계를 알면 설계가 답하게 될 연구 문제를 생각해 내고 제기할 수 있다. 다음 목록은 (기초 및 고급) 설계의 여섯 가지 유형 각각과 관련이 있는 전형적인 혼합연구 문제를 대표한다.

- 수렴적 설계: 질적 결과들은 어느 정도까지 양적 결과를 확증해 주는가?
- 설명적 설계: 질적 데이터는 양적 결과들을 어떤 식으로 설명하는가?
- 탐색적 설계: 질적 결과들은 어느 정도까지 특정한 모집단에 일반화될 수 있는가?
- 중재 설계: 질적 결과들은 실험 결과들의 해석을 어떤 식으로 강화하는가?
- 사회 정의 설계: 질적 결과들은 어떤 식으로 양적 결과들의 이해를 강화하고 불평등을 확인하는가?
- 다단계 설계: 프로젝트에서 다양한 단계에 대한 이전의 문제들을 결합함으로써 전체적인 연구 목표를 다룰 수 있다.

이들 혼합연구 문제를 살펴보면 알다시피, 연구 문제들은 데이터의 양적 분석 결과와 질적 분석 결과 모두에 초점을 둔 연구방법의 형식으로 진술된다. 다시 말하면, 이 혼합연구 문제들은 '연구방법' 지향으로부터 작성될 수 있다. 그렇지 않으면, 그것들은 '남자 청소년들의 견해가 어떤 식으로 중학교 시기 동안의 자존감에 대한 자신들의 관점을 밑받침하는가?'의 경우처럼 콘텐츠에 초점을 둔 관점으로부터 진술될 수 있다. 이 예에서, '견해'는 연구의 질적인 부분을 의미하고 '자존감에 대한 관점'은 양적인 부분을 의미한다.

마지막으로, 가장 좋은 혼합연구 문제는 연구방법과 콘텐츠가 함께 특색을 이루는 문제일 것이다. 이것은 '하이브리드hybrid(역자 주:

이질적인 요소가 서로 섞인 것)' 혼합연구 문제라 불리며, 또다시 이것은 사용되고 있는 설계의 유형을 반영할 필요가 있다. 그 예는 다음과 같다.

> 남자 청소년들의 자존감에 관한 설명적인 질적 데이터를 자존감 도구로 측정한 결과 질적 도구 데이터를 비교하는 것으로부터 어떤 결과들이 생겨나는가?

이 예에서, 우리는 연구의 콘텐츠 결과들(인터뷰 동안 도구에 의해 측정된 자존감)에 대한 초점을 감지할 뿐만 아니라 수집되고 있는 데이터의 유형(질적 데이터, 도구 데이터)을 쉽게 판별할 수 있다.

❖ 권고사항

이 장에서 취해진 접근방식은 혼합연구 논문의 서론을 위한 이상적인 구조를 강조하는 것이었다. 연구논문이 다룰 문제를 확인하고 그것에 대한 근거를 제공해야 하는 서론 부분을 개괄적으로 설명하기 위해 템플릿이 제공되었다. 가장 중요한 것은 기존 문헌의 결함을 언급할 때, 이전 연구들의 연구방법 지향에서 빠진 측면들을 언급하는 것이다. 양적 데이터와 질적 데이터 모두를 수집해야 하는 근거를 고려하고, 과거 문헌의 결함을 해결하기 위한 조치로 이 혼합연구의 이론적 근거를 제시해야 한다. 또한 스크립트는 완전한 혼합연구 목적 진술(혹은 연구 목표 진술)을 작성하는 데 도움이 될 것이다. 이 스크립트는 연구의 의도, 사용된 혼합연구 설계, 사용된 데이터 수집의 형식, 데이터의 두 개 형식 모두를 결합한 이유를 강조해 준다. 마지막으로, 좋은 혼합연구는 양적연구 문제 혹은 양적 가설, 질적연구 문제 및 혼합연구 문제를 수반한다. 연구 문제의 순서는 사용되고 있는 혼합연구 설계의 유형을 따라야 한다(예: 탐색적 순차 설계에서는 질적연구 문제들로 시작해야 한다). 또한 혼합연구 문제는 연구자가 자신의 혼합연구 설계로부터 알아내고자 하는 것을 표시해야 하며, 이것은 연구방법, 콘텐츠, 혹은 이 둘이 결합된 것으로 시작될 수 있다.

 추가 읽을거리

Creswell, J. W., & Plano Clark, V. L. (2011). *Designing and conducting mixed methods research* (2nd ed.). Thousand Oaks, CA: SAGE.

Maxwell, J. A. (2013). *Qualitative research design: An interactive approach* (3rd ed.). Thousand Oaks, CA: SAGE.

연구 문제 개발과 관련된 정보:

Plano Clark, V. L., & Badiee, M. (2010). Research questions in mixed methods research. In A. Tashakkori & C. Teddlie (Eds.), *SAGE handbook of mixed methods in social and behavioral research* (2nd ed., pp. 275-304). Thousand Oaks, CA: SAGE.

제7장

표본추출과 통합 문제

이 장의 주제

- 혼합연구방법에서 양적 및 질적 연구 모두를 위한 표본추출
- 표본추출 문제가 어떻게 설계 유형별로 상이한가
- 혼합연구방법에서 통합의 유형
- 공동 전시를 통한 통합의 재현

❖ 표본추출과 통합 문제

4장에서 필자는 세 가지 기초 설계와 세 가지 고급 설계를 수행함에 있어 고려해야 할 몇몇 난제들을 소개하였다. 필자가 '방법론적인 문제들' 또는 '타당성 문제들'이라고 부르는 이러한 난제들은 때로 연구자가 어떻게 데이터세트들을 서로 연결시킬 것인지, 연구에 연구 관점 또는 구조틀을 어떻게 도입할 것인지, 또는 심리측정

적 속성이 좋은 측정도구를 어떻게 개발시킬 것인지와 관계된다. 그러나 이러한 난제들을 면밀히 검토해 보면, 혼합연구 연구자들이 직면하는 주된 문제들이 표본추출과 통합이라는 두 가지 문제와 관계됨을 알 수 있다. 혼합연구의 표본추출은 양적 및 질적 연구 모두에서 연구대상(및 현장) 선정의 과정, 그리고 각각의 설계에서 도입한 표본추출 전략들을 가리킨다. 연구대상의 크기와 특성nature의 문제들이 혼합연구의 지면들을 채운다. 반면에, 통합은 양적 결과와 질적 결과를 혼합연구에서 어떻게 하나로 모을 것인지, 그리고 이 혼합이 어떻게 사용된 설계 유형과 관계되는지를 가리킨다. 이 두 문제는 혼합연구 문헌들에서 문제 제기되고 논쟁이 되어 왔으며, 브리만(Bryman, 2006)과 같은 저자들은 혼합연구라고 불리는 대부분의 연구들이 양적 및 질적 데이터베이스의 통합을 나타내지 못한다고 제시한다. 연구자들은 오히려 그것들을 분리시킨 채 논문에 배열하곤 한다. 따라서 표본추출과 통합 모두 우리의 혼합연구 프로젝트에서 주의를 기울여야 할 문제다.

통합은 양적 결과와 질적 결과를 혼합연구 안에서 하나로 모으는 것을 가리킨다. 연구자가 데이터를 결합하는 방식은 사용된 혼합연구 설계의 유형과 연관되어야 한다.

❖ 표본추출

좋은 혼합연구를 설계하고 수행하는 데 있어 영향을 미치는 몇 가지 표본추출의 문제가 있다. 착수 시초에 양적 표본과 질적 표본 모두를 위한 표본추출은 견고한 절차를 따라야 한다. 이는 표본 크기에 주의하기, 연구대상 선별하기, 도구를 통해 또는 인터뷰와 같은 개방형 과정을 통해 연구대상에게 어떤 질문들을 할 것인지 고려하기 등을 의미한다. 그런 후, 설계가 진행됨에 따라 설계 내 표본추출은 논리적이고 엄격해야 한다.

고려해야 할 표본추출 문제

- 양적 및 질적 연구 모두에서 견고한 절차의 사용
- 표본 크기

양적 표본추출

연구대상을 모집하는 것은 연구 상황에 맞는 연구대상이 연구에 참여할 수 있도록 신중히 수행되어야 한다. 그런 후, 임상시험 감사위원회[IRB]의 절차를 따라 감사위원들로부터 승인을 받아야 한다. 탐구되는 연구 현장의 핵심 중요 인사들의 승인 또한 필요할 수 있다(예: 병원 행정위원, 학교 교장/총장). 적합한 표본추출 전략의 선정에도 주의를 기울여야 한다. 3장에서 언급한 것과 같이, 좋은 표본추출 전략은 무선 표본추출random sampling이지만, 참여가 가능하거나 참여를 자원하는 개인들을 표본으로 삼아야 하는 점을 고려할 때, 이 접근은 용이하지 않을 수 있다. 표본추출은 단순무선표집법과 같은 확률적 표본추출법, 층화 표본추출법, 또는 다단계 집락 표본추출법의 항목으로 나뉠 수 있다. 편의 표본추출이나 눈덩이 표본추출(사람들이 다른 사람들을 연구에 포함시키도록 추천하는 방식)과 같이 비확률적 표본추출로 이루어질 수도 있다(Creswell, 2012).

표본 크기는 또 하나의 고려해야 할 점이다. 가능한 한 큰 표본을 선택하는 것이 중요한데, 크기가 큰 표본에서는 표본이 모집단의 특성들을 얼마나 잘 반영하는지에 있어 오차의 여지가 더 적기 때문이다. 다행스럽게도, 설문조사와 실험 연구 모두에 대해 적합한 표본크기를 선택하도록 여러분을 도울 수 있다. 설문조사 연구에서는 『조사연구방법(Survey Research Methods)』(Fowler, 2008)과 같은 책에서 논의된 표본오차 공식을 사용할 것을 권유한다. 이 책의 표들은 표본이 질문, 표본오차, 신뢰구간에 균등하게 분배될 수 있도록 확률(비율)을 토대로 표본 크기의 규정을 위한 적합한 계산법을 제시한다. 실험의 표본 크기를 추정하기 위해 이 공식은 통계적 유의도alpha, 연구에서 지향하는 검정력power의 정도(예: 0.80, 0.90, 0.95), 그리고 효과 크기(감수할 수 있는 실질적 차이)를 고려한다. 이 공식을 사용하여 여러분의 실험 집단에 적절한 크기를 정할 수 있다. 실험을 위해서는, 『설계 민감도(Design Sensitivity)』(Lipsey, 1990)와 같은 검정력 분석에 대한 책들을 살펴볼 것을 권한다.

양적 표본추출에서는 공식을 사용하여 바람직한 표본 크기를 결정하라. 실험을 수행할 때에는 검정력 분석을 수행하라.

질적 표본추출

양적 표본추출의 목적이 표본에서 모집단을 일반화할 수 있도록 하는 것인 반면, 질적연구의 목적은 상당히 다르다. 질적연구의 표본추출은 여러분이 탐구하는 중심 현상을 이해함에 있어 여러분을 가장 효과적으로 도울 연구대상을 선정하는 의도적 선택이다. 그러나 이것은 '아무거나 맞는' 유형의 표본추출과는 거리가 멀다.

의도적 표본추출 전략에는 몇 가지가 있는데, 예를 들면 서로 상이한 개인들을 선정하여 다양한 관점들(바람직한 질적연구의 목적)을 설계에 확립할 수 있도록 하는 최대변이maximal variation 표본추출법이나, 특정 개인 사례나 기준을 사용하여 그 현상을 그들이 어떻게 경험하는지를 심화적으로 알기 위해 개인을 선정하는 임계critical 표본추출법이 있다. 또한 연구가 시작되기 전이나 시작된 후에 하는 추가적인 의도적 표본추출 형식들(눈덩이 표본추출, 확증/반증 표본추출)이 있다(Creswell, 2012 참고). 양적 표본추출의 경우와 같이, 질적연구의 연구대상으로서 개인 참가자들도 연구 참여를 위해 모집하고 몇 가지 층위에서 승인을 받아야 한다(예: IRB 승인, 현장 승인, 개인 참가자 승인).

질적연구의 표본 크기는 수년간 논쟁의 주제였다. 표본 크기에 대한 전통적인 입장은 크기를 구체적으로 명시하지 않고, 연구에서 포화saturation가 일어날 때 기능으로서 크기를 간주하는 것이다. 포화상태는 데이터 수집에서 연구자가 데이터를 여러 명의 연구대상으로부터 수집하면서 새로운 연구대상으로부터 얻은 데이터 수집이 형성된 코드나 주제들에 유의미하게 추가되지 않는 시점을 가리킨다. 이 시점에서 연구자는 데이터 수집을 멈춘다. 표본 크기 결정의 또 다른 방법은 필자가 지지하는 방법론으로, 발간된 질적연구들 몇 개를 설계에 따라(예: 내러티브적 연구, 현상학, 근거 이론, 민족지학, 사례 연구 조사) 관찰하여 그 논문에서 보고된 표본 크기들을 사용하는 것이다. 대안적으로는, 표본 크기에 대한 제안들을 사용된 설계를 다루는 연구방법론 저서들에서 찾아볼 수 있다. 필자는 내러티브적 연구에서는 한두 명의 연구대상을, 현상학에서는 3~10명의 연구대상을, 근거 이론 연구에서는 20~30명을, 민족지학 연구에서는 단일한 문화를 공유하는 집단을, 사례 연구 조사에서는 4~5개의 사례들을 사용할 것을 권유한다(Creswell, 2013). 이러한 수치들 각각에 대해서 이 숫자를 뒷받침할 수 있는 기존 연구들을 참조할 수 있다.

> 질적 표본추출에서는 여러분이 탐구하는 중심 현상을 이해함에 있어 여러분을 효과적으로 도울 수 있는 참가자들을 목적에 맞게 선정하라.

혼합연구 표본추출

각각의 주된 설계 내에서 표본추출이 어떻게 진행되는지를 고려하는 것은 유용하다. 수렴적 설계convergent design에서는 [그림 7-1]에서 나타난 것과 같이 표본추출의 문제가 양적 데이터와 질적 데이터 모두를 수집하는 측면에서 제기된다.

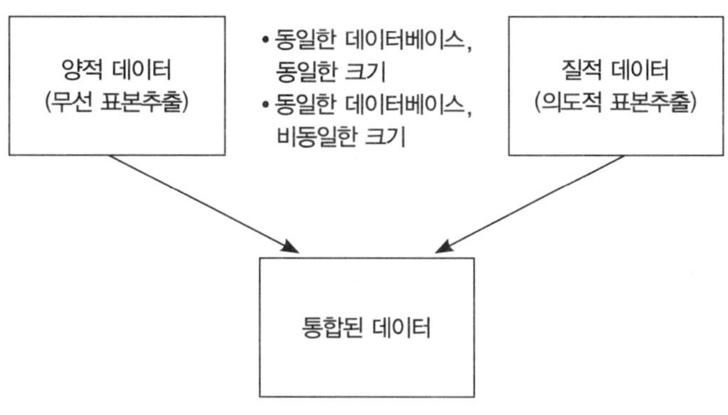

[그림 7-1] 수렴적 설계의 표본추출

이 설계에서 양적 표본은 무선 또는 비무선/비확률 표본추출 과정을 통해 얻는 반면, 질적 표본은 의도적 표본추출을 통해 얻는다. 이 두 데이터베이스를 위한 표본의 선정에서 두 가지 문제가 제기된다. 연구대상은 동일한 모집단에서 뽑아야 하는가 하는 문제와 두 표본 모두 동일한 크기여야 하는가 하는 문제다.

첫 번째 문제에 대한 답은 '그렇다'이다. 이상적으로는 연구대상이 동일한 모집단 출신이어야 한다. 어떤 사례들에서는 혼합연구 연구자들은 다른 분석 집단에서 각각 표본을 추출한다(예: 양적 표본으로는 병원 행정위원, 질적 표본으로는 의료서비스 제공자). 상이한 분석 집단을 갖는 것은 수렴적 설계가 각기 다른 관점들을 비교하기 위한 목적일 경우 특히 효과적으로 작동한다. 목적이 하나의 데이터베이스를 다른 것에 대해 타당성을 입증하기 위함이라면, 필자는 동일한 연구대상을 사용할 것을 권유한다.

두 번째 문제에 대한 답은 이보다 덜 명확하다. 질적연구에서는 개인 관점들을 확립하기 위해 작은 표본이 연구된다. 양적연구에서는 그 결과가 표본으로부터 모집단에 일반화될 수 있도록 큰 표본이 수집된다. 양적연구와 질적연구 모두의 경우에서, 우리는 표본 크기의 선택항목들을 고려해야 한다. 문헌상으로 발견되는 한 가지 선택지는 양적 및 질적 데이터 수집 모두 동일한 표본 크기를 갖는 것이다. 물론, 이 과정은 시간과 자원이 소비되는 대량의 질적 표본으로 이어진다. 또 다른 선택지는 질적 사례들이 양적 사례들과 동등하도록 질적 데이터를 저울질하는 것이다. 이 기법은 근본적으로 데이터에 대한 양적 관점의 도입을 수반하며, 질적 사례들이 어떻게 양적 사례들의 수에 동등하게 무게 지워질 수 있는지의 문제를 제기한다. 마지막 접근법은 양적 표본과 질적 표본 사이의 표본추출 차이들을 수용하는 것이다. 질적연구자들은 데이터들이 각기 다른 이야기들을 비추므로 아마도 동일한 크기가 불필요하다고 주장할 것이다(즉, 양적 측면에서 일반적인 경향을, 그리고 질적 측면에서 상세한 관점들을). 필자는 이 가능성들 각각을 아우르는 수렴적 설계를 보아 왔으므로, 어떤 선택지를 고를 것인지에 대해서는 여러분의 결정으로 남기겠다.

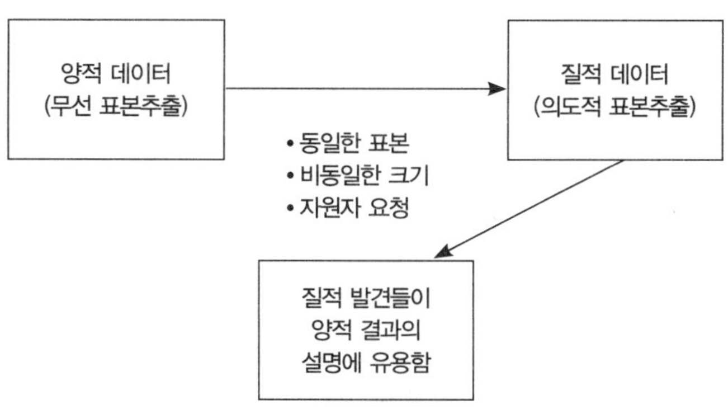

[그림 7-2] 설명적 순차 설계의 표본추출

설명적 순차 설계에서는 양적연구에서 무선 표본추출이, 질적연구에서 의도적 표본추출이 이루어진다. [그림 7-2]에 나타난 것과 같이, 질적 표본이 양적 표본으로부터 도출되어야 하는지의 문제와, 두 표본의 크기가 동일해야 할지 달라야 할지의 문제가 제기된다. 명확히, 설계의 목적이 질적 데이터에서 양적 결과를 설명하기 위함이라면, 질적 표본의 개인들은 양적 표본의 참가자들 집단에서 도출되어야 한다. 따라서 질적 표본은 양적 표본의 하위 집합이며, 질적 데이터 수집이 양적 표본보다 더 적은 연구대상으로부터 정보를 얻기 때문에, 두 표본의 크기는 똑같지 않을 것이다. 질적 후속follow-up 표본을 위한 연구대상을 선별함에 있어 한 가지 유명한 기법은 양적 데이터를 수집할 때 자원자를 요청하는 것이다. 또한, 설명적 순차 설계에서 양적연구의 결과가 질적 표본에서 묻는 질문을 알아내는 데에 도움을 주며, 따라서 질적 연구대상은 질적연구 문제들에 답할 수 있는 대상이어야 한다.

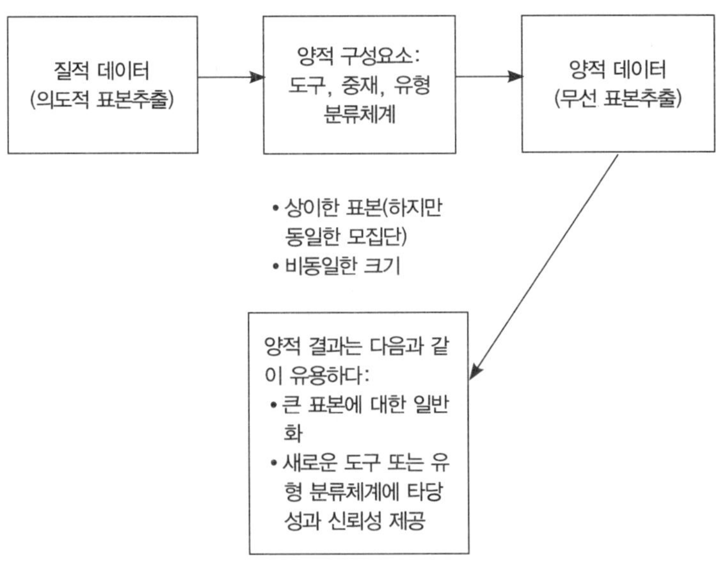

[그림 7-3] 탐색적 순차 설계의 표본추출

탐색적 순차 설계에서는 표본추출 접근법이 설명적 순차 설계에서 사용한 것과 반대된다. [그림 7-3]에서와 같이, 양적 추적조사의 표본은 초기의 질적연구의 표본과 다를 수 있다. 질적 데이터 수집은 의도적이어야 하며, 양적 표본은 최대한 무작위로 선정되어야 한다. 하지만 첫 번째 단계가 탐색적이기 때문에, 도출된 표본은 문제를 탐구하기 위해 의도적으로 선정된 적은 수의 연구대상을 토대로 한다. 그 후 중간 단계에서 탐색적 단계의 데이터 결과를 사용하여 양적인 것, 즉 전형적으로 새로운 도구 또는 수정된 도구, 새로운 측정 또는 새로운 중재 절차intervention procedure를 발전시킨다. 그런 다음, 발전된 양적 요소가 다량의 표본으로 검정된다. 만약 최종 단계에서의 양적 검정이 첫 번째 단계의 질적 주제들이 대량의 표본에 일반화될 수 있는지의 여부를 결정하기 위함이라면, 이 두 데이터 수집은 동일한 표본 또는 최소한 동일한 모집단에서 도출되어야 한다. 하지만 만약 설계의 목적이 새롭거나 수정된 도구, 일련의 변수 또는 중재 절차를 발전시키는 데에 있다면, 두 데이터 수집이 동일한 표본이나 모집단으로부터 도출되어야 한다는 필수조건이 어느 정도 관대해질 수 있다. 따라서 두 표본들은 똑같지 않아도 되며, 크기뿐 아니라 모집단 구성원의 측면에서도 그러하다. 즉, 표본들은 동일한 모집단에서 도출되는 것이 가장 이상적이지만, 그것이 절대적으로 필요한 것은 아니다. 탐색적 순차 설계에서는 크기의 측면에서 두 표본들이 동일하지 않을 것이다. 표본은 첫 번째와 마지막 단계가 서로 다를 수 있다.

고급 설계의 경우 표본추출 절차는 기초 설계 절차를 따르는데, 이 기초 설계가 고급 설계의 중심 요소이기 때문이다. 하지만 고급 설계의 한 예시로서 중재 설계의 표본추출을 살펴보는 것이 유용할 것이다. [그림 7-4]에서와 같이, 우리는 여전히 연구의 실험 부분experimental part에서 실험과 양적 표본추출(즉, 무선 할당)에 도입된 질적 구성요소의 의도적 표본추출을 살펴볼 수 있다. 이 설계에서 질적 표본추출이야말로 고려해야 할 부분이다. 질적 데이터가 실험에 앞서 수집되었다면, 그 목적은 분명히 규정되어야 하며, 실험에 가장 유용한 방식으로 수행되어야 한다. 예를 들어, 그 목적이 실험에 연구대상(참가자들)을 가장 적절히 모집하기 위해 실험 전에 질적 데이터를 수집하는 것에 있다면, 표본추출은 의도적으로 실험이 추구하

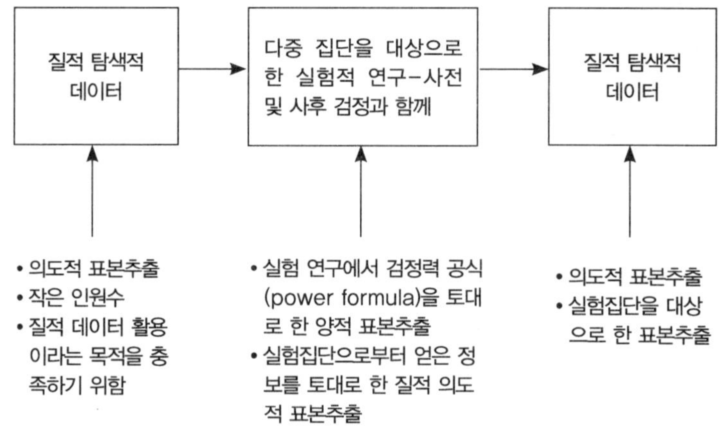

[그림 7-4] 중재 설계의 표본추출

는 연구대상에 초점을 두어야 하며, 연구 문제는 이 목적에 기여하도록 맞춰져야 한다.

만약 질적 데이터가 실험 도중에 수집되었다면, 표본이 통제집단 내 연구대상일 것인지 실험집단 내 연구대상일 것인지 또는 양쪽 모두일 것인지의 문제가 제기된다. 전형적으로, 중재 설계에서는 혼합 연구 연구자들이 질적 데이터를 실험집단에서만 수집하는데, 아마도 자원의 제약 때문일 것이며, 또한 실험집단이 어떻게 그 처치treatment를 경험하고 있는지 알고자 하기 때문일 것이다. 만약 질적 데이터가 실험 후에 결과에 후속적으로 수집되었다면, 여기에서도 일반적으로 실험집단에서 표본을 추출하는데, 그 집단이 처치를 받은 집단이기 때문이다.

혼합연구 표본추출 절차는 특정한 혼합연구 설계를 따라야 한다. 연구자는 설계-특정한 문제들을 잘 숙지해야 한다.

❖ 통 합

표본추출이 어떻게 수행되는지는 그것이 특정한 설계 내에서 어떻게 사용되는지와 결부된다.

이는 통합의 경우에도 마찬가지다. 통합은 혼합연구 과정에서 질적 단계와 양적 단계가 서로 교차하는(또는 충돌하는) 지점이다. 모스와 니하우스(Morse & Niehaus, 2009)는 이를 인터페이스interface 지점이라고 부르며, 그들의 연구 설계 다이어그램에서는 이 인터페이스를 명시적으로 나타내기 위해 화살표로 가리킨다. 통합은 혼합연구에서 '혼합하다'에 대한 대안적인 용어로 간주될 수 있겠다. 사전에서 '혼합하다'의 정의를 찾아보면, '하나가 다른 하나에 용해되거나 하나가 다른 하나와 연결되는 것'을 의미함을 알 수 있다. 예를 들어, 케이크 반죽에서 밀가루는 혼합물 속으로 용해되어 들어간다. 건포도를 케이크에 더해 넣을 때, 그것은 온전히 그 상태로 남지만, 여전히 그 반죽 속으로 '혼합'되는 것이다. 혼합연구에서도 마찬가지다. 양적 데이터와 질적 데이터는 서로에게 용해되어 들어갈 수도 있고, 여전히 따로 떨어진 채로 만날 수 있다.

통합 유형

통합은 혼합연구의 몇몇 지점들에서 찾아볼 수 있다(Fetters, Curry, & Creswell, 2013 참고). 데이터 수집 단계에서 찾아볼 수 있는데, 연구자가 폐쇄형 응답과 개방형 응답 모두를 함포하고 있는 설문 데이터를 수집할 수 있다. 데이터 분석 단계에서도 찾아볼 수 있는데, 연구자가 양적 데이터를 수집하여 분석하고, 양적연구의 조사 결과들을 설명하는 데 도움이 되는 질적 데이터와 결과들을 보고할 수 있다. 실험에서도 찾아볼 수 있는데, 연구자는 실험 종료 후에 질적 데이터를 수집하여 그 결과를 보고할 때 우선 실험 결과를 제시한 후 질적 후속 결과를 제시할 수 있다. 연구의 논의 부분에서도 찾아볼 수 있는데, 연구자는 질적 결과를 양적 결과와 비교할 수 있다. 마지막으로, 표나 그래프에서 찾아볼 수 있는데, 탐구자가 양적 결과를 질적 결과에 대해 비교하며 배열할 수 있다.

연구에서 통합이 나타날 수 있는 지점

- 데이터 수집
- 데이터 분석
- 실험의 결과 부분

양적 데이터와 질적 데이터의 통합에는 네 가지 유형이 존재한다.

- 데이터의 결합: 양적 데이터와 질적 데이터의 분석 결과들이 모

아지고 비교될 때에 해당된다. 이 결합은 수렴적 설계에서 발견된다.

- 데이터에 대한 설명: 양적 데이터의 결과를 설명하면서 질적 데이터가 사용될 때 해당된다. 이러한 설명은 설명적 순차 설계로 간주된다.
- 데이터의 확립: 연구에서 새로운 도구의 형성, 새로운 변수의 발견 또는 새로운 중재 특성의 생성과 같은 양적연구 단계를 세우기 위해 질적 데이터 결과가 사용될 때에 해당된다. 이는 탐색적 순차 설계에서 발생한다.
- 데이터의 내포화embedding: 양적 데이터를 증강augment하거나 뒷받침하기 위해 질적 데이터가 사용될 때에 해당된다. 예를 들면, 질적 데이터가 실험에 추가될 때다. 이 내포화는 중재 설계에서 발견된다.

[그림 7-5]에서와 같이, 다이어그램은 이러한 상이한 통합 유형을 포착하기 쉽게 한다.

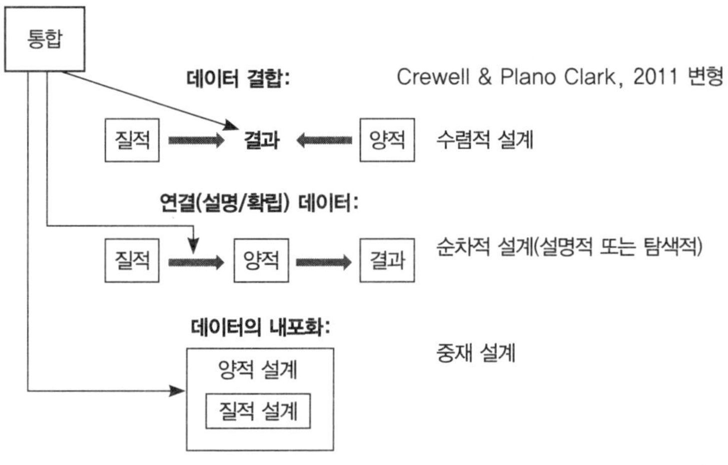

[그림 7-5] 혼합연구에서 통합의 유형

통합이 혼합연구에서 어떻게 설명되는가

혼합연구 연구자는 연구에서 통합을 설명하는 다양한 방식을 가지고 있다. 그것은 데이터 수집 구절, 데이터 분석에서 결과 구절 또는 연구 말미에 논의나 결론 부분에 나타날 수 있다. 보다 포괄적인 의미에서 통합은 혼합연구팀에서 서로 다른 연구자들이 모은 기술이거나 탐구를 이끌기 위한 다중적인 철학적 관점의 사용일 수 있다.

통합을 설명함에 있어 대중적인 방식은 양적 결과와 질적 결과가 하나씩 번갈아 병렬적으로 배열되는 논의를 하는 것이다. 이 접근법에서는 연구자가 우선 양적 결과를 논의한 후 질적 결과를 논의하고, 이들 두 결과가 어떻게 비교되는지를 가리킨다. 대안적으로 질적 결과로 시작하여 양적 결과로 이어 갈 수도 있다. 이 모델은 수렴적 설계에서 빈번하게 사용된다.

또 다른 접근법은 표나 다이어그램을 만들어 양 데이터베이스의 결과들을 그림으로 나타내는 것이다. 이 다이어그램 또는 그래프를 공동 전시joint display라고 부른다.

공동 전시는 결과들을 표나 그래프로 한 곳에 배열하여 독자가 수월하게 두 결과를 비교할 수 있도록 한다. 이 공동 전시를 구성하는 방법에는 몇 가지 선택지가 존재한다.

- **병렬적 공동 전시** 표는 질적 주제와 양적 통계 결과를 모두 표 속에 나란히 배열시킨다. 이에 더해, 마지막 세로열을 표에 더하여 주제와 통계적 결과들 사이의 차이와 유사점을 논의할 수 있다. 이 유형의 전시는 흔히 수렴적 설계에서 사용된다. 이 표에서 독자는 양적 결과와 질적 결과가 어떻게 교차하거나 갈라질 수 있는지를 이해할 수 있다.
- **주제 대 통계 공동 전시**는 또 하나의 선택지다. 이 전시에서 질적 주제를 수평선 위에 배열하고 양적 데이터를 수직선 위에 나타낸다. 칸 안에는 인용구quote와 빈도수가 들어간다. 이 전시는 전형적으로 수렴적 설계에서 사용된다. 통계 결과는 항목별(예: 의료 보조사, 의사 또는 간호사와 같이 제공자의 유형)로 제시되거나 연속적 척도(예: 동의의 정도, '강한 긍정'에서 '강한 부정'까지)로 제시될 수 있다. 이 표에서 독자는 칸 안의 정보를 살펴봄으로써 주제가 수치적 데이터와 어떻게 다른지 분석할 수 있다.
- **후속 결과 공동 전시**는 설명적 순차 설계에서 사용된다. 이 유형

〈표 7-1〉 설명적 순차 설계에서 공동 전시에 의한 통합

양적 결과	양적 결과를 설명하는 질적 후속 인터뷰	질적 조사 결과가 양적 결과의 설명에 어떻게 유용한지
교사의 경력이 길수록, 그리고 프로그램 자료의 사용이 많을수록 학생의 점수가 더 높다.	주제: 경험 있는 교사들이 자료를 더 사용하고자 했다. 경험 있는 교사들이 자료를 자신의 접근법에 융화시킬 수 있었다. 경험 있는 교사들이 학교의 접근법을 더 따르고자 했다.	동기와 자발성이 설명으로 표면화되었다. 교사들이 자료를 어떻게 융화시키는지가 설명에 강조되었다.

의 전시는 〈표 7-1〉에서 나타나듯이, 양적 결과를 한 세로열에, 질적 후속 결과들을 두 번째 세로열에, 그리고 질적 조사 결과들이 어떻게 양적 결과를 설명하는지에 대한 정보를 마지막 세로열에 제시한다. 이 표에서 독자는 질적 데이터가 어떻게 양적 결과를 설명함에 있어 유용한지 알아볼 수 있다.

- 양적 도구로의 확립 또는 측정 전시는 탐색적 질적 단계와 양적 도구 또는 측정 단계의 통합을 설명함에 있어 유용하다. 탐색적 순차 설계에서는 난제 중 하나가 질적 데이터를 어떻게 새로운 측정이나 도구의 확립에 사용하는지다. 이 유형의 공동 전시에서 연구자는 탐색적 질적 조사 결과들을 첫 번째 세로열에, 질적 조사 결과에서 도출된 측정치 또는 변수들을 두 번째 세로열에, 그리고 측정치와 변수들이 어떻게 새로운 척도나 도구를 형성하는지가 마지막 세로열에 제시된다. 이를 통해 독자는 질

적 초기 단계가 어떻게 양적 단계의 확립에 사용되는지 이해할 수 있다. 이 표를 변형한 것으로는 인용구, 코드, 그리고 주제의 항목들을 한 세로열에, 그리고 그 다음 세로열에는 항목(인용구에서 전환된), 변수(코드에서 전환된), 척도(주제에서 전환된)와 같은 도구의 요인들의 예시들을 배열하는 것이 있다.

이것은 공동 전시에서 양적 결과와 질적 결과의 통합을 나타내는 몇 가지 예시로, 발간된 혼합연구에 나타나기 시작했다. 다른 예시에는 그래프에 제시된 정보(예: 지역에 대한 지리학적 정보체계 그래프-특정 양적 변수와 질적 인용구나 지역에 부여된 주제가 서로 다른), 연구대상이나 사례에 따라 구성된 공동 전시들, 그리고 질적 데이터가 양적 계산으로 변환되는 것을 보여 주는 전시가 있다.

❖ 권고사항

이 장에서 여러분은 혼합연구에서 표본추출과 통합의 문제들에 대해 학습했다. 여러분의 표본추출을 혼합연구로 설계할 때, 필자는 양적연구와 질적연구의 모든 측면에서 견고하게 만들 것을 권장한다. 또한 표본추출 과정은 혼합연구 설계의 각 유형별로 고려해야 한다. 그것은 프로젝트의 데이터 수집, 데이터 분석 그리고 논의 및 결론 부분에서 사용될 수 있다. 필자는 통합의 방법론을 결합, 설명, 확립building 또는 내포화로 정확히 확인할 것을, 그리고 통합을 양적 결과와 질적 결과를 표나 그래프로 같이 배열시키는 공동 전시를 통해 나타낼 것을 권고한다.

 추가 읽을거리

Bryman, A. (2006). Integrating quantitative and qualitative research: How is it done? *Qualitative Research, 6*, 97-113. doi: 10.1177/1468794106058877

Creswell, J. W. (2012). *Educational research: Planning, conducting, and evaluating quantitative and qualitative research*. Boston, MA: Pearson.

Fetters, M. D., Curry, L. A., & Creswell, J. W. (2013). Achieving integration in mixed methods designs: Principles and practices. *Health Services Research, 48*, 2134-2156. doi: 10.1111/1475-6773.12117

Fowler, F. J., Jr. (2008). *Survey research methods* (4th ed.). Thousand Oaks, CA: SAGE.

Guetterman, T., Creswell, J. W., & Kuckartz, U. (in press). Using visual displays in mixed methods research. In M. McCrudden, G. Schraw, and C. Buckendahl (Eds.), *Use of visual displays in research and testing: Coding, interpreting, and reporting data*. Charlotte, NC: Information Age Publishing.

Lipsey, M. W. (1990). *Design sensitivity: Statistical power for experimental research*. Newbury Park, CA: SAGE.

제8장

혼합연구를 출판하기 위한 글쓰기

이 장의 주제

- 혼합연구 출판에 적합한 학술지
- 출판을 위한 혼합연구 논문에 대한 평가 기준
- 혼합연구 출판 유형
- 글쓰기에서 일반적인 고려사항
- 설계의 구조 및 유형 쓰기

❖ 적합한 학술지 찾기

우리는 대개 혼합연구 논문이 양적 데이터 수집과 분석은 물론 질적 데이터 수집과 분석까지 포함하기 때문에 분량이 길다는 것을 안다. 나아가, 이 두 데이터베이스의 통합에도 지면이 필요하다. 대부분의 학술적 논문지는 이처럼 긴 연구를 게재할 지면이 없다. 이 문제를 더 복잡하게 만드는 것은 혼합연구의 이해를 위해 독자들을 교육시켜야 하는 필요성이다.

저자들은 알겠지만, 혼합연구에 적합한 학술지를 찾는 것이 핵심적으로 중요하다. 실증적 연구는 학술지에서 요구하는 내용들을 맞춰 넣어야 하고 학술지에서 사용된 접근법을 다뤄야 한다. 혼합연구는 상대적으로 새로운 방법론이기 때문에, 저자들은 흔히 어떤 학술지에 자신의 연구를 제출해야 할지에 대해 궁금해한다. 혼합연구를 출판할 수 있는 학술지에는 일반적으로 세 개의 유형이 있다.

- 혼합연구만을 게재하는 학술지들이 있다. 그 개수는 지속적으로 증가하고 있으며, 현재로서 대표 학술지는 다음과 같다.
  - 『Journal of Mixed Methods Research』
  - 『International Journal of Multiple Research Approaches (online journal)』
  - 『Field methods』
  - 『Quality and Quantity』
- 다음 학술지는 혼합연구에 호의적이며, 혼합연구 논문을 흔히 게재한다.
  - 『International Journal of Social Research Methodology』
  - 『Qualitative Inquiry』
  - 『Qualitative Research』
  - 『British Medical Journal(BMJ)』
- 마지막 범주에 필자가 혼합연구 논문을 게재해 온 학술지를 표

기하겠다. 이 목록은 꾸준히 늘고 있으며, 여기에는 몇 가지만 제시한다.

-『Annals of Family Medicine』

-『American Educational Research Journal』

-『Circulation』

❖ JMMR 논문의 분석에 사용되는 기준

필자는『Journal of Mixed Methods Research』를 2007년에 공동 창립했다. 약 4년 동안 필자는 이 학술지에 제출된 300개에 가까운 여러 혼합연구를 검토하였다. 시간이 지남에 따라 필자는 모든 혼합연구의 실증적 논문에서 발견되어야 할 특징을 정리하기 시작했다. 혼합연구 논문이 들어오면, 그것이 학술지에 게재될 가치가 있는 논문인지 결정하는 방법은 다음과 같다.

첫째, 우선 방법론 부분을 보고 연구가 양적 데이터와 질적 데이터 모두를 함포하고 있는지 확인한다.

둘째, 논문을 쭉 보면서 저자가 실제로 그 두 데이터베이스를 '통합'시키거나 결합시켰는지를 확인한다. 좋은 혼합연구에서는 데이터베이스가 통합되어 있다. 필자는 때로는 저자가 이 두 데이터베이스를 실제로 어떻게, 어떤 방식으로 '통합'시켰는지 알기 어려웠던 적이 있었음을 인정하겠다.

셋째, 필자는 저자가 혼합연구 논문에 정통해 있는지, 그리고 실제로 최근의 혼합연구 서적을 인용했는지 살펴본다.

넷째, 필자는 저자가 연구에 도입한 혼합연구의 특성에 대해 관심을 가진다. 예를 들어, 양적 데이터와 질적 데이터 모두를 사용하고 통합하는 이유에 대해서 진술했는가? '혼합연구'를 제목에 언급했는가? 혼합연구 질문이나 공동 전시와 같은 특징을 가지고 있는가? 연구가 방법론적인가 아니면 혼합연구를 사용한 실증적 연구인가? 이러한 특징이 연구를 보다 견고한 혼합연구 프로젝트로 만든다.

❖ 혼합연구 논문의 두 가지 유형

필자와 동료들은 『Journal of Mixed Methods Research』의 내용을 설계했을 때, 제출될 법한 두 가지 유형의 논문을 떠올렸었다. 혼합연구를 사용한 실증적 연구와 혼합연구를 어떻게 수행할 것인지에 대해 논의하는 방법론적 논문이 그것이다. 실제로 두 유형 모두 제출되었다.

방법론적 논문

방법론적(또는 이론적) 논문에서 우리는 혼합연구를 어떻게 수행할 수 있는지, 이러한 논문이 타당성 검정 전략에 대해 논의하는지의 여부(Leech, Dellinger, Brannagan, & Tanaka, 2009), 혼합연구를 어떻게 발표할 것인지(Stange, Crabtree, & Miller, 2006), 또는 혼합연구를 어떻게 건강 불균형(Stewart, Makwarimba, Barnfather, Letourneau, & Neufeld, 2008)과 완화치료(Farquhar, Ewing, & Booth, 2011) 등 특정 분야에 적용할 수 있는지에 대한 것을 학습할 수 있다. 이러한 혼합연구에는 구조가 있는 듯하며, 그것은 흔히 혼합연구에 대한 개괄로 시작된다(예: Farquhar et al., 2011; Stewart et al., 2008). 이 개요는 다음 질문에 대한 답변이 될 수 있다.

- 혼합연구란 무엇인가?
- 왜 혼합연구라는 용어가 이 방법론의 명칭label으로서 사용되는가?
- 혼합연구를 사용함에 있어서 핵심 가설은 무엇인가?
- 우리는 왜 혼합연구를 사용해야 하는가?
- 우리는 혼합연구를 어떻게 사용해야 하는가(예: 설계)?
- 혼합연구에 의해 추가되는 가치는 무엇인가(예: 혜택)?
- 혼합연구의 사용에 있어 직면하는 난제는 무엇인가?

실증적 논문

혼합연구에서 실증적 연구는 저자가 내용 영역(또는 질병 영역)을 연구하고, 연구를 위한 방법론으로서 혼합연구를 사용하는 연구다. 이 유형의 연구를 위한 글은 학술지에 제출할 경우 내용 영역에 대한 새로운 지식을 심화/발전시킴에 있어 엄격해야 할 뿐 아니라, 몇 가지 혼합연구의 구성요소를 고려해야 한다.

혼합연구는 긴 경향이 있으며 여러 장의 텍스트를 포함하는데, 두 가지 유형의 데이터 수집과 두 가지 형태의 데이터 분석에서 연구 구성요소를 보고할 뿐 아니라 이 두 형태의 데이터 통합을 논의하기 위한 지면을 요하기 때문이다. 어떤 학술지는 3천 자나 6천 자로 단어 수를 제한하는데, 혼합연구 논문으로는 상당히 짧은 것이다. 다른 학술지는 더 많은 지면을 허용한다. 예를 들어, 『Journal of Mixed Methods Research』는 8천~1만 개 단어 분량의 논문을 허용한다.

분량이 문제가 될 때, 문제는 연구를 어떻게 축약할 것인지가 된다. 한 가지 방법은 일련의 논문을 면밀히 검토하는 것이다. 양적 논문으로서 제출된 것과 질적 논문으로서 제출된 것, 그리고 혼합연구 논문으로서 제출된 것을 검토한다. 필자와 동료들은 이 접근법을 사용하여 몇 가지 연구를 하였고, 우리는 수업을 수강하는 학생들에게 동일한 프로젝트에 대한 세 개의 연구들을 보고 저자들이 '종합적인' 혼합연구 학술지 논문을 위해 무엇을 축약했을지 스스로 묻도록 요청하였다. 우리는 세 번째 유형, 즉 종합적인 혼합연구 논문이 전형적으로 양적 및 질적 측면 모두에서 단축된 방법론 논의를 지님을 알게 되었다. 저자들은 또한 '종합적인' 논문에서 결과를 양적 결과나 질적 결과에 대해 체계화하여, 모든 양적 또는 질적 결과를 제시하지 않았다. 마지막으로, 저자들은 표를 사용해 정보를 압축하여 논의에 할애된 지면을 단축시켰다. 이것들은 모두 거대한 혼합연구 논문을 압축시켜 제한된 단어 수를 갖는 학술지 논문에 적합하게 만들기에 유용한 전략이다.

앞에서 주어진 예시에서 명백히 볼 수 있듯이, 혼합연구를 위한 실증적 논문을 쓰는 데에 유용한 방법은 단일한 연구로부터 세 개의 기고문, 즉 양적 논문, 질적 논문, 종합적 혼합연구 논문을 쓰는 것이다. 이 논문은 각기 다른 학술지에 게재될 수 있다. 게재 순서는 양적 논문과 질적 논문이 먼저 게재되고, 뒤이어 혼합연구 논문이 게재될 수 있다. 이 접근법이 사용될 경우, 저자들은 한 출판에서 다른 출판으로 상호참조 또는 '횡단보도crosswalk'를 제공하여 독자가 하나의 혼합연구 탐구에 속하는 것으로서 세 개의 논문 모두를 볼 수 있도록 해야 한다. 이를 위해 네 번째 유형의 논문, 한 연구에서 사용된 독특한 혼합연구 절차를 논의하는 방법론적 논문이 하나의 연구 프로젝트에서 도출된 세 개의 논문에 추가될 수 있다.

혼합연구를 어떻게 게재할지에 대해 다룬 연구들은 몇 안 되지만, 한 가지 예외로는 다중 방법론 연구의 게재에 대하여 스탠지 등(Stange et al., 2006)이 쓴 논문이 있다. 이는 조기 치료에서 대중적인 다섯 가지 전략을 권장한다.

- 양적연구와 질적연구를 따로 게재하고, 논문들을 상호참조시켜라.
- 동시 발생적 또는 순차적, 양적 및 질적 논문을 동일한 학술지에 게재하라. 이러한 다중 논문 접근법을 허용할 학술지들이 어느 정도 있다.
- '통합적' 논문을 게재하되, 추가적인 세부사항을 부록으로 붙이거나 온라인 자료 사이트에 올려라. 나는 이 논문을 '종합적인' 혼합연구로 간주하며, 이는 방법론에 대한 세부사항을 다른 곳

에 올림으로써 분량을 축소할 수 있다.

- 양적 논문과 질적 논문을 따로 게재하고, 그런 후 '포괄적으로 중요한 점들'에 초점을 둔 세 번째 논문을 게재하라. 이 마지막 논문은 보다 길고 세부적인 방법론 부분을 포함하는 '종합적' 혼합연구가 될 것이다.
- 여러분의 결과를 온라인 논의에 올려라. 이는 분량이 많은 논문의 경우에 유용한 구성방식이다. 실증적 연구를 온라인으로 게재하는 학술지들이 점차 대중화되고 있다.

단일한 프로젝트로부터 게재할 수 있는 여러 논문들을 생성함에 있어 유용한 권고사항들이 있으며, 이것들은 많은 스태프 구성원이 포함된, 다년간 진행되며 후원을 받는 대규모 프로젝트에서 게재 시 제한되는 단어 수가 출판사마다 상이할 경우에 가장 밀접하게 관련된다.

혼합연구의 실증적 논문 쓰기에서 또 다른 고려사항은 혼합연구의 특성에 대한 독자들의 교육이다. 이는 논문 내 방법론 부분에서 수행될 수도 있지만, 독자들은 최소한 혼합연구의 정의, 그것의 사용가치 그리고 연구에서 다루는 내용 영역에서 그것의 잠재적 사용 용도를 알아야만 한다. 포함될 법한 일반적인 논제에 대한 여러 다른 '표준 문안boilerplate' 예시들이 문헌상에 존재한다. 하나의 예시로 혼합연구의 기원(이 방법론에 대한 적절한 명칭), 혼합연구의 정의, 혼합연구와 관련된 핵심 특성, 해당 분야가 취한 통합의 구체적인 형태 그리고 대중적인 혼합연구 설계에 대해 논의한 크레스웰과 장

(CreswelL & Zhang, 2009)의 논문을 들 수 있다.

❖ 설계를 반영하여 실증적 논문 구조화하기

출판된 실증적 혼합연구의 구조가 논문마다 서로 다름을 알 수 있을 것이다. 하지만 이 구조들에 대한 면밀한 검토에 따르면 그 구조가 각 유형의 설계마다 서로 다름을 알 수 있다. 출판된 혼합연구의 구조를 살펴보기 위해서는 여러분이 사용하기를 제안하는 설계(예: 수렴적 설계)를 도입한 연구를 약 20편 찾아 결과와 논의 부분을 면밀히 살펴보아 생각의 흐름을 연구할 것을 권장한다. 이 분석은 여러분의 구체적인 설계를 위한 구조의 밑그림을 제공해 줄 것이다. 필자는 이를 행해 왔고, 다음의 논의에 필자가 혼합연구 설계의 주된 유형으로 발견한 구조를 강조한다. 이때 다음의 두 가지 사항이 매우 중요하다.

첫째, 글쓰기 또는 작문 구조가 설계의 유형에 부합해야 하며, 보다 구체적으로는, 연구 설계의 양적 단계, 질적 단계 그리고 통합적 단계의 순서에 부합해야 한다.

둘째, 혼합연구의 구성요소들은 전형적으로 원고의 방법론, 결과, 논의 부분에서 찾아볼 수 있다. 따라서 뒤따르는 예시들에서는 이 부분들이 이탤릭체로 강조될 것이다.

수렴적 설계 구조

수렴적 설계가 핵심적인 공통의 문제에 대해 두 개의 해석을 낳기 위해 양적 데이터베이스와 질적 데이터베이스를 결합하는 것임을 상기하라. 두 개의 데이터베이스가 서로 합쳐지기 전에, 연구자는 각 데이터베이스를 독립적으로 수집하고 분석한다. 따라서 수렴적 설계를 사용한 연구의 혼합연구 게재물에서는 방법론 부분에 따로 떨어진 양적 데이터 수집 및 데이터 분석과 질적 데이터 수집 및 데이터 분석 부분들이 있을 것이다. 이 두 부분에서 양적연구가 먼저 오느냐 질적연구가 먼저 오느냐는 어떠한 차이도 없다. 여기서의 중점은 그것들이 떨어져 있다는 것이다. 각 데이터 유형의 분석을 위해 결과가 따로 독립된 결과 부분에 보고된다. 통계적 결과가 보고되며, 주제에 관련된 양적 결과가 보고된다. 이 두 데이터베이스의 통합은 흔히 원고의 논의 부분에서 나타난다. 바로 여기에서 우리는 '대비적 관찰' 비교를 행할 수 있다. 수렴적 설계 연구자들이 공동 전시를 포함할 경우, 이는 결과 부분이나 논의 부분(연구 제한점, 유용한 참고문헌, 후속 연구 방향 등과 같은 다른 내용들과 함께)에서 찾아볼 수 있다.

설명적 순차 설계 구조

설명적 순차 설계 구조에서는 프로젝트가 양적 단계로 시작되어 그 양적 결과를 설명함에 있어 도움이 되는 질적 단계가 이어짐을 상기하라. 따라서 이 설계를 사용한 논문에서는 방법론 부분에서 먼저 양적 데이터(도구)를 다룬 후 질적 데이터(인터뷰 절차 및 질문들)를 다룬다. 그 다음으로, 결과 부분은 세 가지 부분을 포함해야 한다. 첫째로 양적 통계 결과에 대한 논의를 포함해야 하며, 둘째로 양적 결과의 어떤 요소들이 심화적인 설명을 요하는지에 대한 논의(유의미한 결과, 유의미하지 않은 결과, 이상점, 인적사항/인구통계학)를, 셋째로 양적 결과의 설명을 돕는 질적 결과를 포함해야 한다. 논의 부분은(연구 제한점, 유용한 참고문헌, 후속 연구 방향 등과 같은 다른 내용들과 함께) 설계에 있는 생각의 흐름을 반영한 이 세 단계 모두의 주된 요소들을 요약함으로써 생각의 순서를 강화할 수 있다.

탐색적 순차 설계 구조

탐색적 설계는 질적 단계, 탐색적 단계로 시작하여 도구 형성 또는 중재를 위한 자료 생성과 같은 두 번째 단계인 양적연구로 이어지며, 마지막 세 번째로 대표본 모집단을 대상으로 도구나 자료를 실제로 검정하는 양적 단계가 이루어짐을 상기하라. 이 설계 유형의 작문 구조에는 질적 데이터 수집 및 절차 과정과 뒤이어 양적 데이터를 제시하는 방법론 부분이 포함될 것이다. 결과 부분은 먼저 질적 조사 결과들을 보고한 후 질적 조사 결과로부터 발전된 양적 특성들(도구)을 설명하고, 마지막으로 특성을 검정한 양적 결과를 보고한다(요약하자면, 세 부분이 있어야 한다). 논의 부분은 간략하게라도 결과 부분(연구 제한점, 유용한 참고문헌, 후속 연구 방향 등과 같은 다른 내용들과 함께)에서 발견된 이 세 부분들을 반복해서 말할 것이다.

중재 설계 구조

중재적 혼합연구 설계에서는 질적 데이터가 여러 번에 걸쳐 실험 전(예: 작업할 중재의 설계를 돕기 위해), 실험 중(예: 연구대상이 경험하는 과정들에 대한 이해를 돕기 위해), 또는 실험 후(예: 질적 데이터 수집 및 분석을 사용하여 양적 결과의 설명을 돕기 위해)에 삽입된다. 이 설계는 '고급' 혼합연구 설계로 간주되는데, 부가적 내용(즉, 중재 시행)이 기초 설계에 더해지기 때문이다. 중재 설계에서는 방법론 부분에 중재 시행(또는 실험)에 대한 논의와 그에 뒤따르는 질적 데이터의 수집 및 분석에 대한 논의가 포함될 것이다. 결과 부분은 그런 후, 실험 결과와 질적 주제를 포함할 것이다. 이 주제의 제시 순서는 질적 데이터가 연구에서 어떻게 사용되는지, 즉 시행 전(질적 주제가 먼저 언급되고 실험이 뒤따른다)에 오는지, 시행 중에 오는지(질적 데이터가 연구에서 실험 결과와 통합된다) 아니면 시행 후에 오는지(중재 결과가 먼저 보고되고, 뒤이어 질적 조사 결과들이 설명된다)에 따라 좌우된다. 논의에서는 저자가 중재 결과와 질적 조사 결과들을 검토한 후, 질적 조사 결과들이 중재 시행에 대한 부가적인 통찰력을 어떻게 제공하는지에 대한 정보를 더한다(언급했듯이, 논의는 연구 제한점, 유용한 참고문헌, 후속 연구 방향과 같은 다른 내용도 포함한다).

CBPR 혼합연구 설계 구조

고급 설계의 한 가지 사용은 이론적 접근을 기초 설계에 도입하는 것에 있다. 이 이론적 접근(또는 철학적 접근법이나 사회 정의 접근법)에 대한 훌륭한 예시는 커뮤니티 기반의 참여적 연구Community-Based Participatory Research: CBPR에서 찾아볼 수 있는데, CBPR이 연구 전반에 걸쳐 중요한 틀이 된다. CBPR에는 연구의 많은 측면에서 이해관계자가 포함된다. 이상적인 작문 구조는, 이해관계자들이 관여된 각 단계마다 그들을 통한 커뮤니티 참여에 대해 설명하는 것이 된다(예: 연구 문제 형성하기, 데이터 수집하기 등에서). 방법론 부분은 이해관계자들이 관련된 연구 지점들을 논의할 것이다. 결과 부분은 프로젝트에서 사용한 기초 설계에 따라 좌우되는 정보를 제시하고, 논의 부분은 이해관계자들이 어떻게 프로젝트에 추가적인 통찰을 제공했는지(연구 제한점, 유용한 참고문헌, 후속 연구 방향 등과 같은 다른 내용들과 함께) 상술할 것이다.

❖ 출판 시 포함해야 할 요소의 체크리스트

필자는 연구자들이 자신의 실증적 혼합연구를 학술지에 제출하기 위해 검토하면서 사용할 수 있는 체크리스트를 만드는 것이 도움이 되리라 믿는다(〈표 8-1〉 참고). 이 체크리스트는 박사논문이나 석사논문, 또는 정부 기금이나 재단 기금에 지원하는 논문을 제출하는

〈표 8-1〉 혼합연구 스크립트 제출 시 포함해야 할 요소의 체크리스트

- 혼합연구의 명칭 포함시키기
- 사용된 혼합연구 설계 유형을 설명하는 초록 추가하기
- 혼합연구를 수행할 가치가 있는지(이론적 근거) 전달하기
- 양적, 질적, 그리고 혼합 연구 문제들 형성하기
- 연구의 기반이 되는 세계적 관점에 대한 진술과 이론의 사용(사회과학, 변형)에 대한 언급 고려하기
- 견고한 혼합연구 구성요소들 포함시키기
  - 혼합연구 사용의 이점 논의하기
  - 사용된 혼합연구 설계의 유형 언급하기
  - 절차 과정에 대한 다이어그램 제시하기
  - 방법론적 난점에 대해 설명하기
  - 양적 및 질적 데이터 수집 및 분석 설명하기
  - 윤리적 문제 논의하기
  - 타당성 논의하기
- 결과를 혼합연구 설계에 부합하는 방식으로 보고하기
- 양적 및 질적 데이터의 통합에 대해 논의하기

개인들에게도 적합할 것이다. 이 체크리스트에 있는 항목들의 순서는 출판된 원고에 나타나는 순서를 반영한다.

❖ 권고사항

우리는 혼합연구의 예시들을 연구함으로써, 그리고 그것이 어떻게 작성되는지 알고자 함으로써 많은 것을 학습할 수 있다. 특히 방법론, 결과, 논의와 관계해서 말이다. 혼합연구의 작문 구조에 주의

를 기울여야 한다. 출판사의 선호도, 학술지 논문에서 혼합연구 연구자들이 경험한 기준들(단어 수 제한)에도 면밀한 주의를 기울여야 한다. 견고한 혼합연구에는 많은 혼합연구 요소들이 포함되며, 출판을 위해 작성할 때에 이러한 요소들의 체크리스트를 확인하는 것이 유용하다.

추가 읽을거리

학술지 출판과 관련된 정보의 위치:

Cabell's Directories of Publishing Opportunities (www.cabells.com/index.aspx)

Ulrich's Web (www.ulrichsweb.com/ulrichsweb)

The University of North Carolina at Charlotte's, 2011 list (http://guides.library.uncc.edu/coed_faculty)

글쓰기에 대한 지침:

Creswell, J. W., & Plano Clark, V. L. (2011). *Designing and conducting mixed methods research* (2nd ed.). Thousand Oaks, CA: SAGE.

Dahlberg, B., Wittink, M. N., & Gallo, J. J. (2010). Funding and publishing integrated studies: Writing effective mixed methods manuscripts and grant proposals. In A. Tashakkori & C. Teddlie (Eds.), *SAGE handbook of mixed methods in social and behavioral research* (pp. 775-802). Thousand Oaks, CA: SAGE.

O'Cathain, A. (2009). Reporting mixed methods projects. In S. Andrew & E. J. Halcomb (Eds.), *Mixed methods research for nursing and the health sciences* (pp. 135-158). West Sussex, UK: Blackwell.

Sandelowski, M. (2003). Tables or tableaux? The challenges of writing and reading mixed methods studies. In A. Tashakkori & C. Teddlie (Eds.), *Handbook of mixed methods in social and behavioral research* (pp. 321-350). Thousand Oaks, CA: SAGE.

Stange, K. C., Crabtree, B. F., & Miller, W. L. (2006). Publishing multimethod research. *Annals of Family Medicine, 4*, 292-294. doi: 10.1370/afm.615

제9장

혼합연구의 질적 평가

이 장의 주제

- 혼합연구를 평가하기 위한 기준을 사용할 것인가
- 『Journal of Mixed Methods Research』에서 사용하고 있는 논문 평가 기준
- 여러 문헌에 사용할 수 있는 평가 기준
- 국립보건연구원(NIH)에서 추천하는 '모범 규준'

❖ 평가 기준이 어떻게 적용되는가

혼합연구 분야가 성장하고 발전함에 따라 저술자와 학자가 혼합연구방법의 질을 평가하기 위한 기준이나 지침에 대해 고려하기 시작하는 것은 매우 자연스러운 것이다. 발달된 과학 분야는 학자들이 어떤 연구를 분석하고 프로젝트를 평가하기 위해 사용하는 연구의

질에 대한 평가 기준이 존재한다. 하지만 분야가 발달함에 따라, 훌륭한 연구의 평가 기준이 무엇이고 각기 다른 학문과 분야에서 활동하는 연구자들이 평가 기준의 특성에 대해 동의할 수 있는지의 여부에 대해 의견의 불일치가 발생하기도 한다. 지금까지 혼합연구에서 나타난 것은 연구자들이 사용하는 몇몇의 평가 기준인데, 그것이 학술지나 후원기관에서 비롯된 것이든 교수진과 학생들이 부여한 개인적 기준이든 관계없이 사용한다. 의심할 나위 없이 혼합연구는 발전 중에 있으며, 견고한 평가 기준들은 질을 평가함에 있어 아직 확립되지 않았다.

그것이 공개적으로 승인되든 되지 않든, 각기 다른 독자들이 평가 기준을 사용한다. 학술지들은 전형적으로 검토자가 원고의 질을 평가할 때 사용하는 기준들의 목록을 지침서에 포함시킨다. 때로는 이 지침들이 매우 구체적이고, 어떤 경우에는 추상적이고 보편적이다. 방법론적 또는 실증적 논문이 투고되는 혼합연구 분야의 학술지는 (8장 참고) 검토자가 논문의 질을 평가할 수 있는 지침을 가지고 있다. 또한 후원기관은 검토자가 후원을 위한 지원이나 제안서를 평가할 때 사용하는 기준을 공개하고 있다. 이 평가 기준은 흔히 웹사이트에서 쉽게 접할 수 있다. 책 출판을 위해서도, 우리는 특정 웹사이트(http://mmr.sagepub.com 등)를 통하여 오늘날 혼합연구의 질을 위한 몇 가지 지침을 발견할 수 있다.

마지막으로, 지도교수는 박사논문, 소논문 그리고 연구 보고서의 질을 평가할 때 사용하는 평가 기준을 가지고 있다. 때로 이 평가 기준들은 훌륭한 산문prose에 대한 그들의 관심사를 반영하거나, 구체적인 논제에 대해 이야기한다(예: 문헌이 적절히 검토되었는가?). 새로운 방법론 분야로서 이용할 수 있는 혼합연구는 적지만 혼합연구 강좌courses는 늘어나고 있으며, 교수진들은 혼합연구방법을 평가함에 있어 엄격한 평가 기준을 지닐 수도 있고 지니지 않을 수도 있다. 교수진은 학술지나 정부 기관의 지침서 또는 혼합연구의 질에 대해 쓴 학술지 논문에서 게재된 평가 기준에 의존할 수도 있다. 더 많은 교수진이 혼합연구의 기본적인 방침에 더 친숙해짐에 따라(1장에서 설명된 핵심 특성), 혼합연구의 질을 어떻게 평가할 것인지에 대한 더 많은 합의가 이루어질 수 있다.

❖ 우리는 평가 기준을 가지고 있어야만 하는가

필자는 학자들이 이 문제에 대해 상당히 의견이 분분할 것이리라 확신한다. 혼합연구의 질을 평가함에 있어 평가 기준을 사용하는 것의 장단점을 검토하는 것이 유용할 것이다. 긍정적인 측면에서, 학술지 논문 검토자가 혼합연구 프로젝트를 검토할 때 적용할 수 있는 어떤 평가 기준들을 필요로 함은 사실이다. 원고의 평가를 돕는 큰 규모의 편집국과 기회마다 검토하는 수많은 평가자를 고려할 때, 특정 평가 기준을 갖는 것이 유용하다. 이는 정부후원기관의(그리고 사립 재단의 경우에도) 검토자들의 경우에도 적용된다. 지원작을 검토할 검토자가 많음에 따라, 기관은 한 혼합연구의 후원에 대한 독단적인 결정을 지양하기 위해 평가 기준이 필요하다는 입장을 취해 왔다.

평가 기준은 분야에 따라 각기 다른 측정값을 지닌 듯하다. 건강보건학에서는 그 프로토콜(규약)이 관계된 것이 검사든 진단이든 또는 수술 절차이든, 평가 기준의 사용이 대중적이다. 프로토콜은 보건학에 종사하는 사람들에게 있어 하나의 생활방식이다. 따라서 혼합연구에 대한 평가 기준을 지닌다는 것은 이치에 맞으며, 보건학 임상의 및 연구자의 삶 속에 깊이 결부되어 있다. 반면에 사회과학에서는 프로토콜, 체크리스트, 평가 기준은 비교적 덜 사용되는 경향이다. 사회과학 연구자는 다른 학자에 의해 개발된 도구를 사용할 수는 있어도, 그 도구는 자신의 연구대상에게 적합하도록 수정될 것이다.

사람을 연구하는 맥락은 광범위하게 다르며, 이는 지역적 조건들이 연구 과정에 크게 영향을 미치는 세계적인 범위에서는 더욱 명백하다. 사회과학 및 행동과학의 질적연구자들은 수년간 정보수집에서 선결된 문제들이나 도구를 통해 연구대상을 제한하기보다는 그들이 자신의 관점을 제시할 수 있도록 허용하는 개방형 과정을 고수해 왔다. 양적연구자들은 평가 기준을 사용하거나 고수하는 경향이 더 크며, 그들은 예를 들자면 행동양식이 개인들의 구체적인 맥락과 상관없이, 측정되고 평가될 수 있는 어떤 질서정연한 행동 순서sequence에 꼭 들어맞는다는 가정을 토대로 연구를 수행한다.

마지막으로, 평가 기준에 대한 옹호는 흔히 자신의 작업을 어떻게 진행하고 그것이 어떻게 평가되는지에 있어 명확한 지침을 필요로 하는 신진 연구자에 의해서도 주장된다. 그들은 기본 원칙에 단지 익숙하지 않기 때문에 혁신이나 창조를 할 경험이 거의 없다.

물론, 그 반대 측면으로는 연구 접근법에서 평가 기준이나 지침을 갖는 것의 단점을 살펴보는 것이다. 지침은 개인, 집단, 후원기관, 교수진 등이 낳은 산물이다. 이 개인 및 집단이 자신이 무얼 하고 있는지 안다고 누가 판단할 수 있겠는가? 그것은 권력의 문제이며, 지식의 생성을 누가 통제하느냐의 문제일 뿐이다. 때로는 지침을 만들어 내는 연구자가 자기 자신의 이득을 추구할 수도 있다. 그들은 연구의 본질을 통제하여 자기 자신의 의제를 심화시키고자 할 수 있다. 따라서 지침은 때때로 바람직하지 않은 결과로 이어질 수 있다.

지침을 갖는 것의 또 다른 단점은 그것이 무엇이 수용되고 무엇이 수용되지 않는지에 대해 어떤 구조를 만들어 낸다는 것이다. 이는 연구자의 창의성을 제한하고 실제로 혼합연구의 도입을 늦출 수도 있다. 경험 있는 연구자는 자신의 혼합연구 프로젝트를 지침에 맞추어 만들어야 한다고 느낄 수 있으며, 그에 따라 그가 혼합연구에 일으킬 수 있는 독창성을 제한한다. 의심의 여지없이, 경험 있는 연구자는 평가 기준에 묶이기를 좋아하지 않고 자신의 혼합연구 프로젝트를 창조함에 있어 자유를 원한다. 이러한 연구자는 방법론의 기본 원리를 통달한 후, 자신의 연구를 심화시키기 위해 이런 구조 밖에서 프로젝트를 생성하고자 할 수 있다.

마지막으로, 평가 기준이나 지침에 반대하는 주장에는 이러한 지침이 무엇이어야 하는지에 대한 동의 자체가 없다는 생각이 자리 잡는다. 혼합연구의 전형적인 사례로는 존슨 등(Johnson, Onwuegbuzie, & Turner, 2007)의 논문이 있는데, 이들은 19명의 다른 학자에게 작업적 정의working definition(역자 주: 인정받는 또는 권위 있는 정의들을 완전히 따르지 않을 때 선택되는 정의)에 대해 물어봄으로써 혼합연구에 대한 단일한 정의를 구축하고자 했다. 이 정의에 대해 읽어 나가면서, 여러분은 혼합연구의 정의와 같이 너무나도 근본적인 것에 대해서 학자 간에 서로 의견을 달리하며, 따라서 동의가 형성되기 어려움을 인식하기 시작할 것이다.

필자의 구체적인 관점은 혼합연구의 질에 대한 평가 기준을 갖는 방향으로 더 기울어져 있다. 이에 대해 필자는 다음과 같이 생각한다.

- 평가 기준은 검토자 및 평가자들에게 질을 평가할 때 도움이 될 수 있는 일련의 지침을 제공함으로써 혼합연구의 분야를 발전시킬 것이다.
- 평가 기준은 보건과학에 필수적이며, 특히 지침과 프로토콜은 임상행위 및 의료행위와 연구에 핵심적이다.
- 평가 기준은 사회과학, 행동과학 그리고 보건과학에 걸쳐 포괄적인 적용이 가능하도록 일반화되어 설정되어야 한다.

결과적으로, 여러분은 이 책에서 사용되는 여러 평가 기준에 관계된 체크리스트와 논의를 찾아볼 수 있을 것이다. 필자는 보건과학에서의 저술에 이들을 포함하기도 했고, 그것이 신진 연구자에게 유용하기 때문에 포함시키기도 했다.

❖ JMMR의 공동편집자로서 필자가 사용한 평가 기준

필자는 동료들과 『Journal of Mixed Methods Research』를 창립했을 때, 우리도 당연히 원고 검토자를 위한 지침이 필요했다. 우리의 검토자는 편집단에 약 25명이 있었고, 전 세계 여러 곳에서 특수한 주제 및 내용 영역에 대한 임시적 검토자가 약 200명이 있었다. 우리 학술지는 학제적이기도 했고 국제적이기도 했다. 나아가, 학술지를 발전시킴에 따라 우리는 두 가지 유형의 원고가 제출됨을 알 수 있었다. 하나는 저자가 구체적인 주제에 대해 연구하고 그 주제를 연구하기 위한 방법론으로 혼합적 방법을 사용한 실증적 논문이고, 다른 하나는 저자가 혼합연구의 실천을 심화시키는 정보를 전달하는 방법론적 논문(예: 설계의 타당성이나 유형에 대한 방법론적 논문)이다(8장 참고).

원고를 제출하는 저자나 그 원고를 살펴보는 검토자를 위한 지침을 보면, 여러분은 평가 기준이 두 방식으로 사용되고 있음을 알 수 있을 것이다. 실증적 논문에 해당되는 논문과 방법론적 논문에 해당되는 논문의 유형에 대한 정의로서 사용되거나, 이 두 유형의 논문들에 대한 검토 기준으로서 사용된다. 『Journal of Mixed Methods Research』를 펴낸 SAGE 출판사 웹사이트에 가면 이 지침에 대해 살펴볼 수 있다(www.sagepub.com/journals/Journal201775#tabview=manuscriptSubmission). 그 구체성의 정도를 알기 위해 이것을 검토하는 것이 유용할 것이다.

실증적 논문을 위한 JMMR 평가 기준

실증적 혼합연구 논문에 대한 일반적인 정의는 실증적 혼합연구 방법을 사회과학, 행동과학, 보건과학 또는 인문과학에서 수행하여 보고하는 논문이라는 것이다. 이 원고에 대한 평가 기준은 다음과 같다.

- 데이터 수집과 분석에 대해 보고함으로써, 결과를 통합시킴으로써 그리고 양적 및 질적 접근법이나 방법론을 사용하여 추론함으로써 혼합연구의 정의에 부합해야 한다.
- 연구의 양적 측면과 질적 측면을 명시적으로 통합시켜야 한다.
- 학자의 탐구 분야에서 상당 부분 기여하는 것에 더해, 그것이 혼합연구 문헌에 어떻게 더해질 수 있는지에 대해 논의해야 한다.

통합을 보이지 않거나 혼합연구 문헌에 어떻게 기여하는지 논의하지 않는 연구 원고는 저자에게 반려된다.

검토 기준에는 다음 사항이 포함된다.

- 연구 문제의 주목할 만한 가치
- 이론적 틀
- 혼합연구 설계에 대한 연구 문제의 적합성
- 혼합연구 설계
- 혼합연구 표본추출

- 혼합연구 분석 및 통합
- 논의의 통찰력
- 글쓰기(작문) 수준
- 결론의 수준
- 혼합연구 문헌에 대한 기여
- JMMR 독자들의 주목 끌기

방법론적/이론적 논문을 위한 JMMR 평가 기준

방법론적/이론적 논문들은 혼합연구에 대한 지식을 심화시키는 방법론적 문제나 이론적 문제를 논의하는 것으로 정의된다. 이것은 중요한 혼합연구 주제를 다루어야 하고, 기존 문헌의 내용을 적절히 도입해야 하며, 혼합연구에 대한 우리 이해에 기여해야 한다.

검토 기준에는 다음 사항들이 포함되어야 한다.

- 중요한 주제를 다루는지
- 문헌의 적합성
- 주장의 적절성
- 제안의 독창성
- 글쓰기 수준
- 혼합연구 문헌에 대한 기여
- JMMR 독자들의 주목 끌기

이러한 지침은 연구자들을 위해 평가 기준을 세우는 것으로 보이며, 가장 일반적인 차원에서 관념을 심화시키기도 한다. 예를 들어, 설계 유형은 실증적 논문 지침에는 구체적으로 명시되지 않았으며, 주제 또한 방법론적 논문에서 제한되지 않는다. 두 가지 유형의 논문에 대한 정의를 통해서 학술지가 추구하고자 하는 각각의 논문 기술 형태의 차이점을 알 수 있다.

❖ 혼합연구에 사용할 수 있는 평가 기준

연구 기준이란 것은 학술지나 후원기관 사립재단, 학문분야나 학계 또는 워크숍의 경우에 새로운 것이 아니지만, 그것이 혼합연구에 도입되는 것은 새로운 것이다. 예를 들어, 미국 국립과학재단NSF은 『프로젝트 평가를 위한 2002 사용자 친화적 핸드북(The 2002 User-Friendly Handbook for Project Evaluation)』(www.nsf.gov/pubs/2002/nsf02057/start.htm)을 출판하였는데, 혼합연구 평가에 대한 부분도 포함하였다.

2008년에는 양적연구 지침 프로젝트를 위한 Robert Wood Johnson 웹사이트(www.qualres.org/)가 혼합연구 프로젝트들의 질적 구성요소를 위한 실용적인 지침을 제공했다. 이런 지침들은 웹사이트 조사 방법론의 내용 설계를 위한 모델로서 사용될 뿐 아니라, 질적 모델의 '모범 규준'을 식별함에 있어서 미국보건연구원NIH의 행동사회과학연구소Office of Behavioral and Social Science: OBSSR에 유용한 조언들을 제공하였다(6장에서 언급한 대로; 다음의 논의를 참고). 2010년에 미국국제개발처USAID는 혼합연구 평가를 수행하기 위한 팁을 발표하였고, 의학교육에서 혼합연구를 위한 기본적인 지침에 대한 논문이 쓰였다(Schifferdecker & Reed, 2009). 어떤 점에서, 워크숍들은 혼합연구가 어떻게 수행되고 있고 수행되어야 하는지에 대한 이해를 심화, 발전시켰다. 그 예시는 2012 미국보건연구원 워크숍으로, '건강보건 중재의 보급과 도입을 최적화함에 있어서 혼합연구 사용하기'에 대한 것이었다.

요약하자면, 우리는 혼합연구를 위한 일련의 지침들이 급부상하고 있으며, 혼합연구에 대한 문헌을 저술하는 연구자들이 이 경향에 자신의 목소리를 더했다. 지침과 관련해 기대되는 점과 상응하여, 혼합연구 저자는 몇 가지 기대에 대한 목록을 발전시켰다.

〈표 9-1〉에 나타나듯이, 필자는 문헌에서 도출한 세 가지 기준들을 제시한다. 이 세 가지 지침들을 언뜻 살펴보아도 JMMR 기준과 그다지 다르지 않음을 알 수 있다. 크레스웰과 플레노 클라크(Creswell & Plano Clark, 2011)의 기준은 혼합연구에 대한 학술지의 정의와 그 핵심 특성들을 반영하는 듯 보인다. 오카테인 등(O'Cathain, Murphy, & Nicholl, 2008b)의 목록은 보다 일반적이며, 어떤 연구에서든 기대되는 기준과 밀접하게 관련이 있다. 쉬퍼데커와 리드(Schifferdecker & Reed, 2009)의 권고사항은 아마도 이 둘 사이 어딘가에 해당될 것이다. 그들은 연구 설계 및 표본추출과 같은 특정한 측면에서 혼합연구에 대해 말하지만, 저자에게 구체적이고 상세한 절차 과정을 지정하지는 않는다. 〈표 9-1〉에 대한 부가적

인 관심사로는 혼합연구의 정당화를 심화시키기 위한 권고사항, 연구의 현실적인 목표를 설정하기 위한 권고사항, 분석에서 소프트웨어를 사용할 것에 대한 권고사항, 그리고 연구로부터 제한점들과 통찰을 확립시킬 것 등의 권고사항이 있다.

〈표 9-1〉 혼합연구의 평가를 위한 서로 다른 기준들에 대한 비교

기준	Creswell & Plano Clark, 2011	O'Cathain, Murphy, & Nicholl, 2008b	Schifferdecker & Reed, 2009
혼합연구 설계	혼합연구 설계를 사용하라.	목적, 우선순위, 순서의 측면에서 설계를 설명하라.	연구 설계가 무엇인지 규정하라.
방법론	견고한 양적 및 질적 방법론을 도입하라.	표본추출, 데이터 수집, 데이터 분석의 측면에서 방법론을 설명하라.	각 데이터 유형, 분석 그리고 결과의 우선순위에 대해 결정하라.
데이터 수집 및 분석	양적 데이터와 질적 데이터 모두 수집하고 그것들을 분석하라.		표본추출 전략 개발과 어떻게 언제 데이터를 수집하고 분석하고 통합할 것인지 결정하라.
통합 데이터	데이터베이스를 결합하고 융합하고 연결시켜라.	통합이 어디에서 어떻게 발생하는지 설명하라.	
기타	일관된 혼합연구 용어를 사용하라.	혼합연구의 정당화를 설명하라. 연구 제한점과 연구로부터 얻은 통찰들을 설명하라.	현실적인 시간요건을 설정하라. 소프트웨어를 사용하라. 혼합연구 논문들을 검토하여 아이디어를 생성하라.

❖ '모범 규준'을 위한 미국보건연구원 권고사항

이 세 가지 권고사항의 세트는 앞서 6장에서 언급했듯이, '보건과학에서 혼합연구를 위한 모범 규준Best Practices for Mixed Methods Research in the Health Sciences'의 최근 권고사항에 포함되었다. 이 권고사항들은 미국보건연구원을 대표하는 18명의 연구원들과 프로그램 사무원 그리고 사회과학, 행동과학, 보건과학 분야의 혼합연구 전문가로 이루어진 미국보건연구원의 행동사회과학연구소 연구집단에서 형성되었다. 이 연구집단에서 필자와 함께 드렉셀 대학교의 앤 클라센Ann Klassen, 존스 홉킨스 대학의 케이트 스미스Kate Smith, 신시내티 대학의 비키 플레노 클라크Vicki Plano Clark가 의장을 맡았다. 이 권고사항들의 설계 초기에서, '규준'이 혼합연구의 기본적인 특성들을 다루어야 할 것으로, 다양한 미국국립보건원 지원금granting 메커니즘(R grant, K grant, Center grant 등)에서 혼합연구의 적용에 대해 글을 쓸 때의 권고사항을 심화시켜야 할 것으로, 그리고 혼합연구의 후원금을 위한 지원서를 검토할 때 사용할 수 있을 만한 평가 기준을 확립시켜야 할 것으로 여겨졌다. 또한 혼합연구방법에 대한 짧은 부분을 담았던 2001 미국보건연구원 행동과학연구소 보고서Qualitative Methods in Health Research: Opportunities and Considerations in Application and Review는 혼합연구에서 현 실태(현황)를 반영하기에 충분하지 않았음이 논의 초반에 인정되었다.

최종 보고서는 보건과학에서 혼합연구의 수행에 대한 권고사항을 제시한다. 보고서의 주제들은 조사 서식이 갖는 본성에 대해 독자에게 알리는 것, 지원서 작성을 위한 조언을 제시하는 것, 그리고 검토자가 사용할 수 있는 체크리스트를 제공하는 것 등을 향하는 삼중 방향성을 반영한다. 목차를 통해서 이 보고서에서 펼쳐지는 주제를 검토하는 것이 많은 정보를 줄 것이다.

Tip

보건과학에서의 혼합연구의 모범 규준

http://obssr.od.nih.gov/mixed_methods_research/

목 차

- 인사말
- 도입 및 배경 설명
- 모범 규준에 대한 필요
- 혼합연구의 특성 및 설계
- 혼합연구를 위한 팀워크, 체계구조, 자원, 그리고 훈련
- 혼합연구를 도입하는 R Series Plan 개발하기
- R Series를 넘어서서, 성공적인 유대감(fellowship), 커리어(career), 훈련, 그리고 센터 장학금 지원에서 높은 수준의 혼합연구 활동
- 혼합연구 지원서 검토하기
- 전반적인 권고사항들
- 부록 A. NIH 혼합연구의 모범 규준 개발 연구집단

필자는 여기에서 '혼합연구 지원서 검토하기' 부분의 체크리스트를 강조한다. 이 체크리스트는 지원자의 주된 구성요소에 대한 미국보건연구원 검토자의 평가와 관계된다. 평가 사항으로는 연구의 중요성, 연구자, 혁신성, 접근법, 연구 환경 등이 있다. 이에 더해 이 체크리스트의 항목은 혼합연구의 최신 경향에 부합하도록 수정되었다. 예를 들어, '중요성' 항목에서는 한 가지 기준이 '해당 문제가 혼합연구의 다중적인 관점을 통해 가장 적절하게 연구되는가?'였다. '접근법' 항목에서의 또 하나의 기준은 '방법론의 통합이 타이밍, 기법, 신뢰성 등을 포함하여 잘 설명되었는가?'다. 이 체크리스트의 목적은 검토자에게 지침과 평가 기준을 제공하는 것이다. 이는 검토자가 각기 다른 기관과 센터 전반에 걸친 미국보건연구원 후원금을 위한 지원서의 질을 평가함에 있어 도움이 될 것이다.

❖ 권고사항

이 장은 평가 기준이 학술지, 저서, 지도교수진, 그리고 후원기관들에 의해 사용됨을 인정하였다. 의심의 여지없이, 이러한 기준들은 장단점을 모두 지니며, 연구자들은 혼합연구를 평가하고자 할 때 이런 요인을 저울질해야 한다. 학술지는 가장 구체적인 평가 기준을 갖고 있는 듯 보이며, 필자는 『Journal of Mixed Methods Research』에서 사용되는 평가 기준을 심화시켰다. 물론, 이것들은 혼합연구의 유일한 기준이 아니다. 다른 평가 기준도 웹사이트, 학계 기반의 출판서적, 그리고 정부 후원기관들 및 사립 재단은 물론 전문화된 워크숍에서 널리 쓰이고 있다. 나아가, 몇몇 혼합연구 저자는 일반적인 평가 기준에서부터 보다 구체적인 것까지 여러 범위에서 자기 자신만의 평가 기준을 발전시켰다. 보다 최근에 미국보건연구원은 OBSSR을 통해 보건과학에서 혼합연구의 '모범적 규준'을 발전시키기 위해 연구집단을 소집하였다. 이 권고사항의 전반적인 형식은 우선 혼합연구의 본질을 심화시키고 나서 미국보건연구원 지원을 준비하는 학자들과 미국보건연구원에 의해 소집된 심사위원단의 검토자에게 유용한 규준을 제안하는 것이었다. 특별히 관심을 두어야 할 것은 검토자가 지원서를 평가할 때 사용할 법한 체크리스트다. 이 체크리스트와 보고서는 OBSSR 공용 웹사이트에서 볼 수 있다.

 추가 읽을거리

Creswell, J. W., Klassen, A. C., Plano Clark, V. L., & Smith, K. C., for the Office of Behavioral and Social Sciences Research. (2011, August). *Best practices for mixed methods research in the health sciences*. Washington, DC: National Institutes of Health. Retrieved from http://obssr.od.nih.gov/mixed_methods_research

Johnson, R. B., Onwuegbuzie, A. J., & Turner, L. A. (2007). Toward a definition of mixed methods research. *Journal of Mixed Methods Research, 1*, 112-133. doi: 10.1177/1558689806298224

O'Cathain, A., Murphy, E., & Nicholl, J. (2008). The quality of mixed methods studies in health services research. *Journal of Health Services Research and Policy, 13*(2), 92-98. doi: 10.1258/jhsrp.2007.007074

제10장

혼합연구의 발전과 진보

이 장의 주제

- 이 책에서 논의되는 주된 주제에 대한 요약으로서 혼합연구의 과학적 발전
- 디지털 시대에 혼합연구의 발전

❖ 과학적 발전

오늘날 혼합연구를 하는 학생의 일상적인 학습에 적용되어야 할 몇 가지 과학적 발전이 혼합연구 분야에 일어났다. 물론, 우리는 이제 구체적으로 혼합연구를 조명하는 『Journal of Mixed Methods Research』와 『International Journal of Multiple Research Approaches』 등의 학술지도 있다. 한 분야로서 혼합연구는 다양한 분야와 저명한 학술지에서 나타난 방법론적 저술을 통해 상당히 확

장되었다. 이제는 보건과학에서 상당히 대중적이며, 사회과학 전반에 걸쳐 나타나고 있다. 또한 아프리카(남아프리카)와 동남아시아(태국)와 같이 세계 여러 지역에서 관심을 가지게 되어, 국제적으로도 확장되었다. 흔히 혼합연구는 그 근간이 영미에 있는 것으로 간주되는데, 특히 영국의 국제 혼합연구 컨퍼런스를 기원으로 하며 유럽 및 미국의 여러 서적에서 이제 혼합연구 분야를 논의하고 있는 것을 볼 때 더욱 그러하다.

오늘날의 혼합연구가 약 5년 전의 혼합연구와 다른 점은, 수많은 실증적 혼합연구방법이 학술지에 게재된다는 것이다. 우리는 이제 혼합연구가 어떻게 역할을 하는지 알 수 있는 모범적인 예시를 많이 가지고 있다. 이는 사립 재단(워크숍을 통해)의 관심과 정부(견고한 혼합연구 탐구를 어떻게 수행할 것인지를 심화시키는 '모범 규준' 웹사이트를 통해)의 관심이 뒷받침한다. 우리는 이에 더해, 혼합연구에 대한 새로운 교육과정들이 미국과 영국의 저명한 대학들에서 개설되고 있음을 지적하겠다. 2014년 봄 학기에는 하버드 대학교가 혼합연구 과정을 국제보건학과와 사회의료학과에 개설하였다.

그렇다면, 혼합연구의 신용도와 사용을 강화한 과학적 발전에는 어떠한 것들이 있는가?

핵심 특성

이제 우리는 혼합연구의 핵심 특성을 구성하는 것이 무엇인지에 대해 잘 알고 있다. 비록 저자가 이 분야에 대해 철학적이거나 이론적인 관점을 취할 수는 있지만, 필자의 접근법은 항상 방법론에서부터 뻗어 나가는 것이었다. 따라서 이런 견지에서 혼합연구에는 1장에서 논의된 것과 같이 다음과 같은 사항이 포함된다. 첫째로 개방형 및 폐쇄형 조사 질문 또는 가정을 토대로 하여 양적 데이터와 질적 데이터의 수집 및 분석하기, 둘째로 양적 절차와 질적 절차 모두에 견고한 방법론 사용하기, 셋째로 두 데이터베이스를 통합하고 구체적인 혼합연구 설계 유형을 사용하여 결과를 해석하기, 넷째로 종종 다양한 이론적 관점을 도입하고 연구의 철학적 기반을 명시하기다. 다른 한편, 우리는 또한 혼합연구에 해당하지 않는 것이 무엇인지에 대해 잘 안다. 그리고 오늘날 가장 명확히 드러나는 문제는 연구자가 양적 데이터와 질적 데이터 모두를 수집하고는 이 두 데이터베이스를 통합하지 않고서 그것을 혼합연구라고 부르는 것이다. 혼합연구는 실제로 이 두 데이터베이스의 통합을 요하며, 이는 이 형식의 연구를 수행함에 있어 핵심적인 요소다.

용어

혼합연구 분야의 또 다른 과학적 발전은 구체적 용어의 도입이다. 모든 방법론에서 연구자들은 자기 자신만의 언어를 발전시켰고, 혼합연구 또한 예외가 아니다. 사실, 대부분의 혼합연구 저서의 맨 뒷장에는 용어 사전을 찾아볼 수 있을 것이며, 이 용어는 흔히 텍스트끼리 유사할 것이다(이 책의 뒷부분에 있는 '용어 해설' 참고). 핵심적인 용어는 혼합연구 그 자체다. 이러한 종류의 연구는 다른 이름(다중방법론, 통합된 연구, 혼합적 연구)으로도 불렸다. 하지만 오늘날 『Handbook』(Tashakkori & Teddlie, 2010), 『Journal of Mixed Methods Research(JMMR)』, 그리고 『Mixed Method International Research Association』의 확립과 더불어, 우리는 표준 이름으로 이를 혼합연구라는 용어로 지정하게 되었다.

혼합연구의 가치

오늘날에는 점차적으로 혼합연구의 '가치'에 대해 주목한다. 연구자들은 '혼합연구를 사용하는 것이 양적연구나 질적연구 하나만 사용하는 것보다 더 큰 장점이 무엇인가?'라고 묻는다. 우리는 혼합연구 연구자들이 방법론적 논문이나 실증적 논문을 쓸 때에 이 가치에 대해 항상 명시적이지 않았음을 인정한다. 하지만 실증적 혼합연구를 언뜻 들여다보아도 몇몇 저자들이 혼합연구의 가치에 대해 언급함을 알 수 있을 것이다. 예를 들어 파커 등(Farquhar, Ewing, & Booth, 2011)의 논문을 보자. 그들은 연구의 중재가 갖는 중요한 요소들을 언급하고 양적연구의 제한점을 넘어서서 확장하거나, 질적 데이터를 사용해 양적 결과와 비교하는 등 혼합연구가 자신의 연구에 어떻게 기여했는지를 구체적으로 명시하는 표를 포함시켰다. 우리는 가치에 대한 문제를 양적연구나 질적연구에서 독자적으로 얻을 수 있는 것보다 문제에 대한 더 나은 이해와 같이 일반적인 '가치'의 측면에서 고려한다. 보다 구체적인 차원에서는, 그 혜택으로 질적 데이터가 양적 결과의 설명을 돕거나, 질적으로 프로젝트를 시작하는 것이 고찰되어야 하는 문제들의 유형을 탐구함에 있어 최고의 방법이며, 프로그램의 형성을 돕거나 실제로 작동될 수 있는 중재 활동을 용이하게 한다거나, 연구가 시작되기 이전이나 문헌상으로는 연구자에게 명확히 드러나지 않는 새로운 변수를 낳을 것이라는 점을 들 수 있다. 2장은 혼합연구의 설계에 있어 중요한 단계로서 혼합연구를 사용하는 것의 이유나 근거를 소개하였다.

연구 설계의 심화 발전

혼합연구의 문헌에서 연구 설계만큼 확장적으로 논의된 주제는 없다. 여러 유형의 설계들이 지난 몇 년간 소개되었고, 그것들은 각기 다른 단계, 절차 과정, 그리고 복잡성의 수준을 갖는다. 우리는 세 가지 기초 설계, 즉 수렴적 설계, 설명적 순차 설계, 탐색적 순차 설계에 대해 고려하는 경향이 있다. 수렴적 설계에는 두 데이터베이스의 통합이 수반된다. 설명적 순차 설계에는 양적 결과에 뒤이어 그 결과를 보다 세부적으로 설명하기 위한 질적 데이터가 포함된다. 그리고 탐색적 순차 설계는 질적 단계로 시작되어, 양적 도구의 설계에서와 같이 양적 단계로 점차 진행되어 나간다. 고급 설계에는 이 기초 설계들 외에도 어떤 것이 부가된다. 예를 들어, 기초 설계에 실험적 중재 구조틀, 옹호advocacy 또는 사회 정의적 관점, 또는 프로그램의 가치적 측면이 더해질 수 있다. 오늘날 설계가 갖는 흥미로운 점은 연구자들이 연구 발표나 논문에서 사용할 법한 절차의 다이어그램 처리가 잘 되어 있다는 것이다. 그리고 절차는 이제 이러한 설계를 수행하기 위해 발전되었고(즉, 그 단계들이 설명되어 있다) 설계를 수행함에 있어 유효성에 대한 잠재적인 위협요소들이 확인되었다. 4장에서 나는 이러한 설계들을 소개하고 절차에 대한 정의와 설명, 그리고 각각에 대한 다이어그램을 제시했다.

혼합연구를 수행하기 위해 필요한 기술

우리는 혼합연구에 시간과 자원이 할애됨을 알고 있다. 복합적인 형식의 데이터가 수집되고 데이터 분석에서 다중적인 절차가 수행된다. 따라서 이 형태의 탐구를 수행함에 있어서 직면하게 될 여러 난제가 내재되어 있다. 오늘날 우리가 인지하는 다른 문제점에는 탐구자들의 숙달성, 기술의 부족과 철학적 지향성의 분산이다. 전염병학지와 생물통계학자와 같이 양적 접근법에 숙달된 연구자들의 경우, 우리는 질적연구에서의 기본적인 기술을 제공해야 한다. 질적연구자는 통계학에 숙달되어야 하고 경향을 가늠하고 변수들을 연관시키거나 집단을 비교하는 탐구에 수치를 사용하는 것의 가치를 인식해야 한다. 3장에서 필자는 혼합연구를 수행하기 위해 필요한 기술을 검토하였다.

철학과 이론의 사용

철학적 지향성에 대한 가치, 사용, 유형 그리고 이론의 사용에 대해서 혼합연구 커뮤니티 내에서 많은 논의가 있어 왔다. 많은 철학적 지향은 혼합연구에 핵심적인 기반을 제공하는 것으로 심화 발전되었다. 어떤 저자는 단일한 철학을 주장하는 반면, 또 다른 저자는 다중 철학에 대해 논의한다. 새로운 철학이 매 순간 발전하고 있으며, 혼합연구 탐구자들에게 있어 핵심적인 문제는 그들이 연구 내에서 철학적 가정을 명시적으로 하느냐다. 물론, 이 접근법은 분야마다 상이하다. 이론의 측면에서 많은 사회이론과 행동이론이 혼합연구의 구조틀로 사용되어 왔다. 커뮤니티 기반의 참여적 연구(CBPR)가 그 중 하나로, 커뮤니티 연구에서 대중적이고, 연구의 모든 측면에 커뮤니티 구성원을 참여시키기 위한 구조틀을 제공한다. 사회이론과 행동이론에 더해, 우리는 페미니스트 이론, 장애이론, 인종이론과 같이 여러 유형의 이론들의 변형 또는 주장을 볼 수 있다. 이들 또한 혼합연구 접근법에 구조틀을 제공해 준다. 최근에 이 구조틀(사회이론적, 행동이론적, 또는 변형적)을 어떻게 혼합연구 속에 엮을 것인지, 그리고 그러한 연구에 대해 어떻게 글을 쓸 것인지에 대한 논의가 있었다. 2장에서 필자는 세계관과 이론을 구체적으로 명시하기 위해 혼합연구 설계에 여러 단계를 넣는 것을 고려해 보게 하였다.

혼합연구 문제

혼합연구에서 있었던 또 하나의 혁신은 현재까지 어떤 연구방법론 책에서도 찾아볼 수 없는 새로운 유형의 연구 문제라는 점이다. 특정한 혼합연구 설계를 사용하고 있다면, 우리는 양적이거나 질적인 문제가 아니라 이 두 접근법들의 결합인 문제들을 묻고 있는 것이다. 훌륭한 혼합연구에서는 이 문제는 물론, 양적 문제와 질적 문제 모두를 구체화해야 하며, 이 혼합연구 문제를 연구에서 사용하는 설계 유형에 연결시켜야 한다. 6장에서 필자는 혼합연구 문제의 관념을 소개하고 그것이 어떻게 연구에서 사용된 혼합연구 설계의 유형에 연결될 수 있는지를 설명했다.

공동 전시

오늘날에는 양적 데이터와 질적 데이터를 어떻게 나란히 두고 동시에 분석할 수 있는지에 대해 점차 더 큰 관심이 주어진다. 예를 들어, 우리는 질적연구의 텍스트 데이터를 어떻게 양적 데이터의 수치적 데이터와 결합하거나 통합하는가? 이를 위해서 우리는 공동 전시에 기댄다. 이 두 형식의 데이터는 논의에서 그래프나 표를 통해 공동으로 전시('병렬적 공동 전시'로 불리는)될 수 있다. 예를 들자면, 양적 데이터의 한 차원과 범주의 주제들을 다른 차원과 나란히 배열시키는 등, 공동 전시를 사용함으로써 상당한 영향을 미치기 시작했다. 컴퓨터 소프트웨어가 우리로 하여금 이러한 공동 전시의 형성으로 나아가도록 도왔다. 한 질적 소프트웨어 상품인 MAXQDA(Verbi GmbH, 2013)는 이제 혼합연구 데이터의 분석을 용이하게 하고, 이러한 전시를 만들 수 있도록 하는 혼합연구를 위한 메뉴도 있다. 7장에서 필자는 이 공동 전시에 대해 소개하면서 예시를 제공하고 혼합연구에서 그것이 갖는 중요성에 대해 논의하였다.

혼합연구 쓰기와 출판하기

실증적 혼합연구 중에서 출판된 많은 연구들을 문헌상으로 접할 수 있으므로, 우리는 혼합연구 학술 논문을 어떻게 써야 할 것인지, 그리고 어떤 혼합연구 구성요소를 포함시켜야 할지에 대해 훌륭한 모범 예시를 갖고 있다. 예를 들어, 우리는 이제 좋은 혼합연구 제목 짓기, 연구 목적에 대한 진술, 연구 문제들(양적, 질적, 그리고 혼합 연구)에 주목한다. 또한, 우리는 양적 데이터와 질적 데이터의 유형 및 그것이 어떻게 통합되는지, 그리고 혼합연구의 참고문헌을 사용하는지 등, 혼합연구의 절차에 대한 상세한 논의를 포함시킨다. 혼합연구방법을 어떻게 출판하는지에 대한 권고사항이 제시되었는데, 특히 3천 자 정도의 짧은 논문을 학술지 검토자가 요구할 때의 지침이 있다. 이에 양적 논문, 질적 논문, 개괄적인 혼합연구 논문을 나누어 쓰는 방법을 예로 들었다. 또한 이러한 혼합연구를 어떻게 서로 다른 학술지에 게재할 것인지에 대해 학습하였다. 우리는 이 논문에 더해 혼합연구의 독창적인 연구방법론 특성을 다루는 방법론적 논문을 첨가할 수 있겠다.

우리는 3천~6천 자 사이의 짧은 연구로 압축될 수 있도록, 혼합연구 논문의 개괄을 어떻게 요약할 수 있는지 알고 있다. 이러한 압축은 사회과학의 혼합연구 학술지와 같이 어떤 학술지에서는 불필요하다. 예를 들어, 『Journal of Mixed Methods Research』에서 우리는 연구자에게 8천~1만 자의 지면을 허용한다. 8장에서 필자는 출판을 위한 혼합연구 논문을 어떻게 쓰는지에 대해 검토했으며, 각각의 주된 혼합연구 설계로 수행된 연구에서 방법론, 결과, 그리고 논의 부분을 어떻게 쓸 것인지를 구체적으로 다루었다.

질의 평가 기준

마지막으로, 혼합연구의 질Quality을 평가하는 기준이 이제 만들어지고 있다. 이 평가 기준들은 융통성 없이 엄격한 본보기로 간주되기보다는, 일반적인 사용 지침서로 보아야 할 것이다. 혼합연구 분야에서는 몇몇 저자들이 유용한 지침들을 내놓았고, 보다 최근에는 정부가 몇 가지 질적 규준들을 게재하였다. 미국국립과학재단은 혼합연구방법의 지침을 제공하는 문서를 제시하고, 미국보건연구원 행동과학연구소는 웹사이트에 보건과학에서 혼합연구의 '모범 규준'을 위한 권고사항을 게재하였다. 우리가 혼합연구가 어떻게 수행되는지에 대해 얼마나 엄격하게 구체화해야 하는지는 물론, 열려 있는 논의이지만, 우리는 흔히 대학원 학생들이 자신의 논문 제안서를 작성할 때, 학회에 발표를 하거나 학술지 논문에 제출을 할 때, 그리고 사립 또는 공공 후원금에 지원을 할 때 질적 지침들을 갖는 것을 환영한다고 여긴다. 9장은 혼합연구 프로젝트의 질에 대한 기준을 논의하고 높은 수준의 연구에서 사용할 만한 혼합연구의 구성요소에 대해 구체적인 조언을 하였다.

❖ 디지털 시대의 혼합연구

오늘날의 혼합연구에 대한 어떤 워크숍이나 강좌 또는 책이나 그 내용은 지난 10년간 발전된 중요한 과학적 절차들을 다루어야 한다. 이 절차는 다중 접근법에 대해 개괄하기, 서로 다른 접근법을 나란히 비교하기, 실제적인 예시 허용하기, 무엇보다도 사용자 친화적인 방식으로 글쓰기 등과 같이, 연구방법론을 전달하는 중요한 방식을 더 발전시켰다. 나아가, 오늘날의 연구방법론은 사용 가능한 기술을 적극 활용해야 한다. 실제로, 혼합연구는 디지털 순서도, 컴퓨터 소프트웨어 분석, 그리고 최신의 책, 학회, 워크숍, 내용적 전문가에 대한 접근성이 없을 수 있는 전 세계 여러 연구자들을 연결시키는 웹 커뮤니케이션 등과 같이, 디지털의 역량을 적극적으로 활용한 최초의 연구방법론으로 간주될 수 있을 것이다. 이 혁신은 1970년대, 1980년대, 1990년대에 부상한 다른 방법론(메타분석, 참여적 실행 연구)은 접할 수 없었던 방식으로 방법론의 심화 발전이 이루어졌음을 가리킨다. 이는 혼합연구라는 용어가 학계와 전 세계에 걸쳐 빠르게 퍼질 것임을 의미한다. 혼합연구를 사용하고자 하는 이들은 훌륭한 혼합연구 프로젝트를 기획하고 수행하기 위해서 최신의 과학적 발전에 뒤처지지 않도록 해야 한다.

❖ 권고사항

지난 몇 년간 일구어진 기술적technological 발전의 장점을 이용하는 혼합연구 프로젝트를 기획하는 것이 중요하다. 여기에 여러분 스스로에게 질문해 볼 수 있을 만한 문제가 몇 가지 있다.

- 혼합연구의 핵심 특성을 포함하고 있는 연구를 진행시키고 있는가?
- 혼합연구 분야에서 빈번하게 사용되는 연구 용어를 숙달하고 있고 사용하고 있는가?
- 혼합연구의 가치를 다른 이에게 설득시키는 주장에 대해 잘 숙지하고 있는가?
- 공인된 혼합연구 설계를 사용하고 있는가?
- 그 설계의 사용에 내재된 난점에 대한 이해하고 있는가?
- 연구에 철학을 포함시킬 것인가? 또한 특정 이론을 가질 것인가?
- 혼합연구 설계로 어떤 혼합연구 문제에 답할 것인가?
- 어떻게 양적 데이터와 질적 데이터의 통합을 보여 줄 것인가?
- 출판된 연구에 포함되는 혼합연구의 구성요소에 대해 잘 숙지하고 있는가?
- 높은 수준의 연구를 수행하고 있는지 어떻게 알 수 있는가?

추가 읽을거리

혼합연구 개선 배우기:

Creswell, J. W. (in press). Revisiting mixed methods and advancing scientific practices. In S. N. Hesse-Biber and R. B. Johnson (Eds.), *The Oxford handbook of mixed and multiple research methods*. Oxford, UK: Oxford University Press.

혼합연구 논문의 출판에 도움이 되는 자료:

Stange, K. C., Crabtree, B. F., & Miller, W. L. (2006). Publishing multimethod research. *Annals of Family Medicine, 4,* 292-294.

미국보건연구원 행동과학연구소에서 추천하는 '모범 규준' 이해하기:

Creswell, J. W., Klassen, A. C., Plano Clark, V. L., & Smith, K. C., for the Office of Behavioral and Social Sciences Research. (2011, August). Best practices for mixed methods research in the health science. Washington, DC: National Institutes of Health. Retrieved from: http://obssr.od.nih.gov/mixed_methods_research

혼합연구의 주요 안내서:

Tashakkori, A., & Teddlie, C. (Eds.) (2010). *SAGE handbook of mixed methods in social and behavioral research* (2nd ed.). Thousand Oaks, CA: Sage.

혼합연구에 충실한 주요 학술지:

Journal of Mixed Methods Research (http://mmr.sagepub.com/)

International Journal of Multiple Research Approaches (http://pubs.e-contentman agement.com/loi/mra)

공동 전시의 예:

Creswell, J. W., & Plano Clark, V. L. (2011). *Designing and conducting mixed methods research* (2nd ed.). Thousand Oaks, CA: Sage.

Plano Clark, V. L., Garrett, A. L., & Leslie-Pelecky, D. L. (2009). Applying three strategies for integrating quantitative and qualitative databases in a mixed methods study of a nontraditional graduate education program. *Field Methods*, *22*, 154-174.

참고문헌

Brannen J., & Moss, G. (2012). Critical issues in designing mixed methods policy research. *American Behavioral Scientist, 56*, 789-801. doi: 10.1177/0002764211433796

Brown, J., Sorrell, J. H., McClaren, J., & Creswell, J. W. (2006). Waiting for a liver transplant. *Qualitative Health Research, 16,* 119-136. doi: 10.1177/1049732305284011

Bryman, A. (2006). Integrating quantitative and qualitative research: How is it done? *Qualitative Research, 6*, 97-113. doi: 10.1177/1468794106058877

Creswell, J. W. (2012). *Educational research: Planning, conducting, and evaluating quantitative and qualitative research* (4th ed.). Boston, MA: Pearson.

Creswell, J. W. (2013). *Qualitative inquiry and research design: Choosing among five approaches* (3rd ed.). Thousand Oaks, CA: Sage.

Creswell, J. W. (2014). *Research design: Qualitative, quantitative, and mixed methods approaches* (4th ed.). Thousand Oaks, CA: Sage.

Creswell, J. W. (in press). Revisiting mixed methods and advancing scientific practices. In S. N. Hesse-Bilber & R. B. Johnson (Eds.), *The Oxford handbook of mixed and multiple research methods*, Oxford, UK: Oxford University Press.

Creswell, J. W., Fetters, M. D., Plano Clark, V. L., & Morales, A. (2009). Mixed methods intervention trials. In S. Andrew & E. J. Halcomb (Eds.), *Mixed methods research for nursing and the health sciences* (pp. 161-180). Oxford, UK: John Wiley & Sons.

Creswell, J. W., Klassen, A. C., Plano Clark, V. L., & Smith, K. C. (2011).

Best practices for mixed methods research in the health sciences. Washington, DC: National Institutes of Health. Available online: http://obssr.od.nih.gov/mixed_methods_research/

Creswell, J. W., & Plano Clark, V. L. (2011). *Designing and conducting mixed methods research* (2nd ed.). Thousand Oaks, CA: Sage.

Creswell, J. W., & Zhang, W. (2009). The application of mixed methods designs to trauma research. *Journal of Traumatic Stress, 22*, 612-621. doi: 10.1002/jts.20479

Dahlberg, B., Wittink, M. N., & Gallo, J. J. (2010). Funding and publishing integrated studies: Writing effective mixed methods manuscripts and grant proposals. In A. Tashakkori & C. Teddlie (Eds.), *SAGE handbook of mixed methods in social and behavioral research*. Thousand Oaks, CA: Sage.

DeVellis, R. F. (2012). *Scale development: Theory and applications* (3rd ed.). Thousand Oaks, CA: Sage.

Farquhar, M. C., Ewing, G., & Booth, S. (2011). Using mixed methods to develop and evaluate complex interventions in palliative care research. *Palliative Medicine, 25*, 748-757. doi: 10.1177/0269216311417919

Fetters, M. D., Curry, L. A., & Creswell, J. W. (2013). Achieving integration in mixed methods designs-Principles and practices. *Health Services Research, 48*, 2134-2156. doi: 10.1111/1475-6773.12117

Fowler, F. J., Jr. (2008). *Survey research methods* (4th ed.). Thousand Oaks, CA: Sage.

Frechtling, J. (2002). The 2002 user-friendly handbook for project evaluation Arlington, VA: The National Science Foundation. Available online: http://www.nsf.gov/pubs/2002/nsf02057/start.htm

Guba, E. G. (1990). The alternative paradigm dialog. In E. G. Guba (Ed.), *The paradigm dialog* (pp. 17-30). Newbury Park, CA: Sage.

Guetterman, T., Creswell, J. W., & Kuckartz, U. (in press). Using visual displays in mixed methods research. In M. McCrudden, G. Schraw, and C. Buckendahl (Eds.), *Use of visual displays in research and testing: Coding, interpreting, and reporting data.*

Charlotte, NC: Information Age Publishing.

Ivankova, N. V., Creswell, J. W., & Stick, S. L. (2006). Using mixed-methods sequential explanatory design: From theory to practice. *Field Methods, 18*, 3-20. doi: 10.1177/1525822X05282260

Ivankova, N. V., & Stick, S. L. (2007). Students' persistence in a distributed doctoral program in educational leadership in higher education: A mixed methods study. *Research in Higher Education, 48*, 93-135. doi: 10.1007/sl 1162-006-9025-4

Johnson, R. B., Onwuegbuzie, A. J., & Turner, L. A. (2007). Toward a definition of mixed methods research. *Journal of Mixed Methods Research, 1*, 112-133. doi: 10.1177/1558689806298224

Kuhn, T. S. (1962). *The structure of scientific revolutions*. Chicago, IL: University of Chicago Press.

Leech, N. L., Dellinger, A. B., Brannagan, K. B., & Tanaka, H. (2009). Evaluating mixed research studies: A mixed methods approach. *Journal of Mixed Methods Research, 4*, 17-31. doi: 10.1177/1558689809345262

Lipsey, M. W. (1990). *Design sensitivity: Statistical power for experimental research*. Newbury Park, CA: Sage.

Maxwell, J. A. (2013). *Qualitative research design: An interactive approach* (3rd ed.). Thousand Oaks, CA: Sage.

Morse, J. M. (1991). Approaches to qualitative-quantitative methodological triangulation. *Nursing Research, 40*, 120-123.

Morse, J. M. (2003). Principles of mixed methods and multimethod research design. In A. Tashakkori & C. Teddlie (Eds.), *Handbook of mixed methods in social & behavioral research* (pp. 189-208). Thousand Oaks, CA: Sage.

Morse, J. M., & Niehaus, L. (2009). *Mixed methods design: Principles and procedures*. Walnut Creek, CA: Left Coast Press.

O'Cathain, A. (2009). Reporting mixed methods projects. In S. Andrew & E. J. Halcomb (Eds.), *Mixed methods research for nursing and the health sciences* (pp. 135-158). West Sussex, UK: Blackwell.

O'Cathain, A., Murphy, E., &. Nicholl, J. (2008a). Multidisciplinary, interdisciplinary, or dysfunctional? Team working in mixed-methods research. *Qualitative Health Research, 18*, 1574-1585.

O'Cathain, A., Murphy, E., & Nicholl, J. (2008b). The quality of mixed methods studies in health services research, *Journal of Health Services Research & Policy, 13*, 92-98. doi: 10.1258/jhsrp.2007.007074

Onwuegbuzie, A. J. (2012). Putting the MIXED back into quantitative and qualitative research in educational research and beyond: Moving towards the "radical middle". *International Journal of Multiple Research Approaches, 6*, 192-219.

Plano Clark, V. L., & Badiee, M. (2010). Research questions in mixed methods research. In A. Tashakkori & C. Teddlie (Eds.), *SAGE Handbook of mixed methods in social & behavioral research* (2nd ed., pp. 275-304). Thousand Oaks, CA: Sage.

Plano Clark, V. L., Garrett, A. L., & Leslie-Pelecky, D. L. (2009). Applying three strategies for integrating quantitative and qualitative databases in a mixed methods study of a nontraditional graduate education program. *Field Methods, 22*, 154-174. doi: 10.1177/1525822X09357174

Rossi, P. H., Lipsey, M. W., & Freeman, H. E. (2004). *Evaluation: A systematic approach*. Thousand Oaks, CA: Sage.

Rossman, G. B., & Wilson, B. L. (1985). Numbers and words: Combining quantitative and qualitative methods in a single large-scale evaluation study. *Evaluation Review, 9*, 627-643. doi: 10.1177/0193841X8500900505

Sandelowski, M. (2003). Tables or tableaux? The challenges of writing and reading mixed methods studies. In A. Tashakkori & C. Teddlie (Eds.), *Handbook of mixed methods in social & behavioral research* (pp. 321-350). Thousand Oaks, CA: Sage.

Schifferdecker, K. E., & Reed, V. A. (2009). Using mixed methods research in medical education: Basic guidelines for researchers. *Medical Education, 43*, 637-644. doi: 10.1111/j. 1365-2923.2009.03386.X

Schulz, K. F., Altman, D. G., & Moher, D. (2010). CONSORT 2010 Statement: Updated Guidelines for Reporting Parallel Group Randomized Trials. *Annals of Internal Medicine, 152*, 726-732. doi: 10.7326/0003-4819-152-11-201006010-00232

Shadish, W. R., Cook, T. D., & Campbell, D. T. (2002). *Experimental and quasi- experimental designs for generalized causal inference.* Boston: Houghton Mifflin.

Stange, K. C., Crabtree, B. F., & Miller, W. L. (2006). Publishing multimethod research. *Annals of Family Medicine, 4*, 292-294. doi: 10.1370/afm.615

Stewart, M., Makwarimba, E., Barnfather, A., Letourneau, N., & Neufeld, A. (2008). Researching reducing health disparities: Mixed-methods approaches. *Social Science & Medicine, 66*, 1406-1417. doi: 10.1016/j.socscimed.2007.11.021

Tashakkori, A., & Teddlie, C. (Eds.). (2010). *SAGE handbook of mixed methods in social & behavioral research* (2nd ed.). Thousand Oaks, CA: Sage.

Verbi GmbH. (2013). MAXQDA. Retrieved from http://www.maxqda.com/

Wittink, M. N., Barg, F. K., & Gallo, J. J. (2006). Unwritten rules of talking to doctors about depression: Integrating qualitative and quantitative methods. *Annals of Family Medicine, 4*, 302-309. doi: 10.1370/afm.558

용어 해설

가닥(Strand): 질적 또는 양적 연구 구성요소를 일컫는 용어.

고급 설계(Advanced designs): 고급 특징들을 혼합연구의 기초 설계(수렴적, 설명적 또는 탐색적 설계)에 추가하는 설계다. 이 설계에 덧붙일 수 있는 것은 더 큰 구조틀 속에 이 설계를 구축하는 것이거나(예: 수렴적 절차는 실험적 설계 내에 내포하거나 페미니스트 이론과 같은 특정 이론에서 수렴적 절차를 추가한다) 아니면 일정 기간에 걸쳐 있는 전반적인 탐구 프로그램에 이 설계를 구축하는 것이 된다(다방면의 연구가 종단적 연구 프로그램에서 사용된다).

공동 전시(Joint display): 양적 데이터와 질적 데이터를 병합하기 위해 수렴적 설계에서 주로 사용하는 절차다. 공동 전시는 양적 데이터 수집과 질적 데이터 수집에서 얻은 결과를 표현하는 그래프나 표다[예: 질적 주제는 양적 범주형 변수(quantitative categorical variable)에 대해 정렬되거나, 또는 한 연구에서 고찰된 구성체(construct)가 주어진 경우, 질적 인터뷰 항목과 양적 설문조사 항목을 모두 열에 정렬되어 구성체에 관한 결과를 반영한다].

기초 설계(Basic designs): 기초 설계는 모든 혼합연구에서 사용된다. 이는 양적 데이터와 질적 데이터를 병합할 목적을 가진 수렴적 설계(convergent design), 질적 데이터를 통해 양적 데이터를 설명할 목적의 설명적 순차 설계(explanatory sequential design), 그리고 더 큰 주제 N을 통해 질적 주제를 검정하기 위해 먼저 탐색하고 그런 다음 양적 단계에서 구축하기 목적의 탐색적 설계(exploratory design)로 구성되어 있다.

다단계 평가 설계(Multistage evaluation design): 한 개 또는 그 이상의 기초 설계에 기초한 고급 설계다. 이 설계의 의도는 어떤 상황에서 이행된 프로그램이나 활동의 성공을 평가하는, 시간의 경과에 따른 연구를 수행하는데 있다. 이 설계에는 지속적 탐구 라인(sustained line of inquiry)의 중심 목적을 가지고 시간의 경과에 따라 수행되는 많은 단계에 대한 종단 연구(longitudinal study)가 포함된다.

데이터 변환(Data transformation): 데이터 변환은 혼합연구 연구자들이 질적 데이터(예: 인터뷰 데이터)를 수집하고 그런 다음 그 데이터를 양적 데이터(예: 데이터베이스에서 어떤 코드가 나타나는 횟수 계산)로 변환할 때 일어난다. 혼합연구에서, 변환된 질적 데이터(새로운 양적 데이터베이스)는 또 다른 양적 데이터베이스와 비교 또는 결합된다.

무선 표본추출(Random sampling): 연구자가 무작위 절차를 통해 연구대상을 표본 조사하여 그들이 모집단을 대표하도록 하는 양적연구에서의 표본추출 접근법이다.

방법론(Methodology): 해석과 보급(dissemination)을 통해 철학으로부터 확장되는 연구 과정

사회 정의 설계(Social justice design): 이 고급 설계는 사회 속 개인들의 삶을 개선하기 위해 전체적인 사회 정의 구조틀(예: 페미니스트 이론이나 비판적 인종 이론)로 어떤 문제를 연구할 의도를 가진 기초 설계 중 하나를 기반

으로 한다. 연구자는 혼합연구 전반에 걸쳐 상이한 시점에서 이 구조틀을 구축하지만, 이것은 계속해서 연구의 초점이 된다.

설명적 순차 설계(Explanatory sequential design): 이 기초 설계의 취지는 먼저 양적 방법을 사용하고 난 뒤 질적 방법을 사용하여 양적 결과를 더 심도 있게 설명하는 데 있다. 수월한 설계로 혼합연구에서 인기 있는 설계다.

수렴적 설계(Convergent design): 수렴적 설계는 혼합연구에서 세 가지 기초 설계 중 하나다. 여기에는 양적 데이터와 질적 데이터 모두의 별도 수집, 별도의 분석, 그리고 두 데이터의 수렴을 통한 결과 비교 등이 포함된다. 일반적으로, 연구자들은 이 두 데이터베이스 사이의 모든 차이를 설명하거나 해소하고자 한다.

실용주의(Pragmatism): 실용주의는 연구, 문제가 실생활 실천을 통해 수행되는 것에 초점을 맞추는 연구 철학이다.

양적 데이터(Quantitative data): 양적연구에서 수집한 데이터의 유형이다. '숫자' 데이터 또는 '수'를 가리키는 경우가 많다. 광범위한 층위에서, 양적 데이터는 설문조사에서 참가자들이 정확한 응답을 체크할 때 얻어지는 유형의 정보와 같이 '폐쇄형' 정보로 볼 수도 있다. 숫자 데이터는 도구에 관해 보고한 정보, 연구자가 체크리스트를 사용하여 관찰하면서 체크하는 정보, 또는 보고서나 문서에 사용할 수 있는 숫자로 된 정보(예: 인구조사 자료, 출석 데이터 등)가 될 수 있다.

연구방법(Methods): 데이터 수집, 분석 및 해석 등 구체적 절차

인식론(Epistemology): 이 개념은 연구자와 연구대상의 관계를 포함하여, 주장하고자 하는 증거의 유형과 관련되어 있다.

절차 다이어그램(Diagram of procedures): 혼합연구에서, 연구자들은 혼합연구 설계의 다이어그램을 그리는 경우가 많다. 이 다이어그램은 활동의 흐름, 데이터 수집 절차 중에 취하는 특정 단계, 데이터 분석, 그리고 해석을 가리키며, 때때로 혼합연구 분야에서 사용되는 QUAL와 QUAN(또는 기타 표기법)의 표기법이 포함되기도 한다.

존재론(Ontology): 이 개념은 조사 연구에서 실체(reality: 다중 실체 또는 단일 실체)의 본질(nature)이다.

중재 설계(Intervention design): 이 고급 설계는 기초 설계 중 하나의 설계를 기반으로 한다. 이 설계의 의도는 어떤 실험이나 어떤 중재를 실시하고 그 속에 질적 데이터를 추가함으로써 어떤 문제를 연구하는 데 있다. 연구자는 실험 전과 후, 또는 실험 중에 질적 데이터를 수집하고 내포화를 통해 수집한 질적 데이터를 통합한다. 중재는 실험 연구에서 독립 변수의 효과를 분석하기 위하여 실험대상에 적용되는 특정 상황(수업 처치 등), 처치(treatment) 기간 등을 의미하는 것으로 결과적으로 종속 변수에 영향을 미치는 처치를 의미한다.

질적 데이터(Qualitative data): 질적연구에서 수집한 데이터 유형이다. 수집하고 난 뒤 인터뷰에서 옮겨 적은 유형의 정보와 같은 '텍스트' 데이터를 가리키는 경우가 많다. 또한 사진이나 비디오를 사용하는 경우처럼 '이미지' 데이터가 될 수도 있다. 더 광범위한 층위에서, 연구자가 연구대상의 응답 카테고리(강한 부정에 대한 강한 긍정과 같은)를 특정하지 않고 연구대상으로부터 정보를 수집한다는 점에서 질적 데이터를 '개방형' 데이터로 간주할 수 있다. 전형적인 형태의 질적 데이터는 개방형 인터뷰 데이터, 개방형 관찰 데이터, 일기 · 편지 또는 회의 시간과 같은 기록문서, 그리고 사진 · 비디오테이프 · 인공물 및 웹사이트 정보와 같은 오디오비디오 자료 등이다.

탐색적 순차 설계(Exploratory sequential design): 혼합연구에서 세 가지 기초 설계 중 하나다. 일반적으로 세 가지 단계를 포함한다. 첫 번째 단계에서는 먼저 연구자가 질적 데이터를 수집하여 주제를 탐구한다. 그렇게 수집한 질적 데이터를 분석하고, 두 번째 단계에서 그 결과를 사용하여 양적 데이터 수집 절차를 진행한다. 이 절차는 질적 도구(quantitative instrument)의 설계, 중재 절차(intervention procedure) 또는 양적 변수 개발(development of quantitative variables) 등이 될 수 있다. 그런 다음 이어지는 세 번째 단계에서는 양적 데이터 수집 및 분석 절차에 양적 도구, 중재 또는 변수들이 사용된다.

통합(Integration): 통합은 질적 결과와 양적 결과를 혼합연구에서 하나로 묶는 방법을 가리킨다. 연구자가 데이터를 조합하는 방법은 사용되는 혼합연구 설계 유형과 관련성이 있을 필요가 있다. 통합의 유형에는 결합(merging), 설명(explaining), 확립(building) 및 내포화(embedding)가 포함된다.

포화(Saturation): 포화는 연구자가 몇몇 연구대상으로부터 데이터를 수집할 때, 그리고 새로운 연구대상으로부터 데이터를 수집한 것이 현재 개발하고 있는 코드나 주제에 실질적으로 추가되지 않을 때의 데이터 수집 포인트다.

혼합연구 문제(Mixed methods research question): 혼합연구에서 혼합연구 설계를 통해 대답을 하는 문제다. 혼합연구 문제는 '어떻게 두 가지 데이터베이스를 비교하는가?'(수렴적 설계), '어떻게 질적연구 결과를 통해 양적 결과를 설명할 수 있는가?'(설명적 순차 설계), '표본집단에서 수집된 설명형 주제를 어떻게 모집단에 일반화할 수 있는가?'(탐색적 순차 설계) 등이 될 수 있다.

혼합연구(Mixed methods research): 연구자가 양적(폐쇄형) 데이터와 질적(개방형) 데이터 모두를 수집하고, 이 두 데이터를 통합하고, 그런 다음 연구 문제를 이해하기 위해 이 두 세트의 데이터를 조합한 강점을 바탕으로 해석을 도출하는 사회과학, 행동과학 및 보건과학에서 사용하는 연구 접근법이다.

혼합연구 설계(Mixed methods design): 철학에서부터 질문, 그리고 데이터 수집 · 분석 및 해석에 이르기까지 혼합연구방법 절차의 모든 측면들을 포괄하는 설계. 이 설계 내에서, 혼합연구방법은 연구자가 데이터를 수집 · 분석 · 표현(예: 표, 그림 등) · 해석하기 위해 사용하는 절차다.

혼합연구에 대한 이론적 근거(Rationale for mixed methods): 이는 양적 데이터와 질적 데이터를 모두 수집하고 혼합연구 설계를 사용하는 이유를 제기하는, 혼합연구에서의 진술이다. 이때 이유는 설계의 유형과 직접 관련이 있어야 한다(예: 수렴적 설계에서 두 데이터베이스를 비교할 목적으로, 탐색적 순차 설계에서 양적 결과를 설명할 목적으로, 설명적 순차 설계에서 양적 도구, 중재 또는 변수를 개발하기 위한 탐색을 목적으로).

혼합연구 내에서의 표본추출(Sampling in mixed methods research): 연구자가 양적 가닥(strands)과 질적 가닥의 연구대상을 선택하는 데 길잡이가 되는 일련의 절차를 말한다. 연구자는 각 혼합연구 설계 내에서 특정 표본추출 전략을 채택한다.

혼합연구 표본추출(Mixed methods sampling): 특정 설계 내 표본추출을 위한 과정이다. 여기에는 좋은 양적 표본추출, 질적 표본추출, 그리고 기초 설계나 고급 설계의 특정 유형과 관련된 혼합연구 표본추출이 포함된다.

찾아보기

내용

CBPR 43
CONSORT 24
MAXQDA 38

가닥 72
가제 33
검정력 130
고급 설계 26, 78
공동 전시 71
구성체 46, 56
구조방정식 모델 77
기초 설계 26, 68
기호 체계 95

내포화 141
눈덩이 표본추출 130

다단계 평가 설계 28, 79, 85
다이어그램 44
다중방법적연구 22
단순성 98
단일 단계 설계 72
독자층 116

매개 변수 122
메타분석 57
모범 규준 117
무선 표본추출 130
무선 할당 81
민족지학 25, 43

발현적 설계 40
방법론적 논문 150
변혁적 설계 27

사회 정의 27
사회 정의 설계 79, 82
설계 민감도 130
설명적 순차 설계 26
세계관 40
수렴적 설계 26
스크립트 112

신뢰도 25
실용주의 42
실증적 논문 149, 151

양적 데이터 20
양적연구 24
양적 표본추출 129
연구 목적 47
연구 목표 36, 47
연구 문제 20
연구방법 20
인식론 19, 40
임계 표본추출법 131

작업적 정의 167
제목 97
조절 변수 122
존재론 40
중립적 34
중심 현상 60
중재 설계 27, 79
질적 데이터 21
질적연구 24
질적 표본추출 131

참여적 실행 연구 189
최대변이 표본추출법 131
출판하기 187

타당도 25
타임라인 99
탐색적 순차 설계 26
통합 127, 140

페미니스트 28
편의 표본추출 130
평가 기준 163
포화 132
표준 문안 154

현상학 132
혼합연구팀 53
확정적 요인분석 77
환원주의 41
후기실증주의 41

저자 소개

존 크레스웰(John W. Creswell)은 네브래스카-링컨 대학교 교육심리학 교수다. 대학교에서 강의하면서 혼합연구방법, 질적 방법론, 일반연구설계에 관한 수많은 논문을 게재하였고, 연구 설계, 상이한 질적 방법론 비교 등에 초점을 맞춘 22권의 서적(개정판 포함)을 출판하였다. 그의 책들은 많은 언어로 번역되어 전 세계에서 사용되고 있다. 크레스웰 박사는 5년 동안 네브래스카-링컨 대학교의 클리프턴 연구소 기증 교수 의장직을 맡고 있다. 이 외에도 이 기간 동안 네브래스카-링컨 대학교 질적 및 혼합연구 연구소의 소장으로 있으면서 외부 연구자금 모금을 위한 프로젝트에서 질적연구와 혼합연구를 통합하고 있는 학자들에게 지원을 아끼지 않았다. 『Journal of Mixed Methods Research』(SAGE)를 창립한 공동편집자로 일하면서 미시건 대학교 가족의학과 조교수직을 겸하고 있으며, 미국보건연구원(National Institutes of Health) 및 국립과학재단(National Science Foundation) 프로젝트에서 연구방법론으로 보건과학 및 교육 연구자들에게 도움을 주고 있다. 또한 보훈보건청(Veterans Health Administration)의 의료서비스 연구 영역에서 컨설턴트로 폭넓게 일하기도 하였다. 남아프리카 풀브라이트 선임연구원을 지내면서 2008년에 5개 대학에서 대학생과 학부교수를 대상으로 교육 및 보건학의 혼합연구방법을 강의하였다. 2011년에는 보건학의 혼합연구방법에 필요한 '모범 규준'을 개발하는 미국보건연구원에서 국가작업그룹의 공동 리더로 일했다. 2012년에는 태국 풀브라이트 선임연구원이 되었다. 2013년 봄, 크레스웰 박사는 하버드 공중보건 대학(Harvard's School of Public Health)의 초빙교수가 되었고, 그해 여름에는 영국 케임브리지 대학교에서 혼합연구 트레이닝을 수행하였다. 2014년에는 남아프리카 프리토리아 대학교에서 명예박사학위를 수여받았다.

역자 소개

김동렬(Kim, Dongryeul)은 현재 대구교육대학교 과학교육과 교수로 재직 중이다. 10년간의 중등학교 교직 경험을 바탕으로 『과학교육연구의 시작에서 완성까지』(도서출판 신정, 2015), 『과학수업 전략』(도서출판 신정, 2016) 등의 저서와 다양한 연구방법을 적용한 과학교육연구 논문을 발표하였으며, 미국 애리조나 대학교에서 연구학자로 지내면서 양적 · 질적 · 혼합 연구방법을 적용한 과학교육연구에 참여하였다.

알기 쉬운 혼합연구방법

A Concise Introduction to Mixed Methods Research

2017년 1월 20일 1판 1쇄 발행
2022년 4월 20일 1판 3쇄 발행

지은이 • John W. Creswell
옮긴이 • 김 동 렬
펴낸이 • 김 진 환
펴낸곳 • (주) 학지사
04031 서울특별시 마포구 양화로 15길 20 마인드월드빌딩 5층
대표전화 • 02) 330-5114 팩스 • 02) 324-2345
등록번호 • 제313-2006-000265호
홈페이지 • http://www.hakjisa.co.kr
페이스북 • https://www.facebook.com/hakjisabook

ISBN 978-89-997-1114-5 93370

정가 14,000원

역자와의 협약으로 인지는 생략합니다.
파본은 구입처에서 교환하여 드립니다.

이 도서의 국립중앙도서관 출판시도서목록(CIP)은 서지정보유통지원시스템 홈페이지(http://seoji.nl.go.kr)와 국가자료공동목록시스템(http://www.nl.go.kr/kolisnet)에서 이용하실 수 있습니다.
(CIP제어번호: CIP2016028064)